VIE

DE SAINT PHILIPPE DE NÉRI

Mon Jésus, je voudrais vous aimer d'amour pur.

ABBÉ F. BAZET

VIE
DE
Saint Philippe de Néri

APOTRE DE ROME

Tout par Amour
(*I. Corinth., XVI, 14.*)

ALBI
Imprimerie des Apprentis-Orphelins
1902

ABBÉ F. BAZET

VIE
DE
Saint Philippe de Néri

APOTRE DE ROME

Tout par Amour
(*I. Corinth., XVI, 14.*)

ALBI
Imprimerie des Apprentis-Orphelins
1902

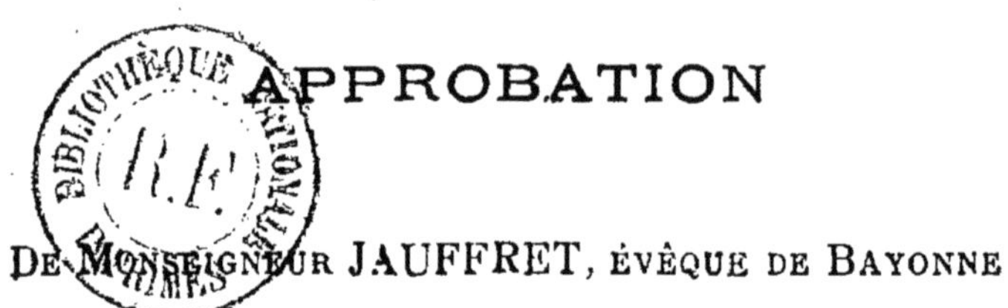

APPROBATION

De Monseigneur JAUFFRET, évêque de Bayonne

Sur le rapport élogieux qui nous est fait d'une Vie abrégée de Saint Philippe de Néri, *composée par un prêtre du diocèse, nous donnons bien volontiers l'*Imprimatur *à cette publication.*

« *Ce travail est simple, exact, écrit correctement et pieusement, sans aucune prétention ; de nature à porter des fruits d'édification dans les âmes en leur faisant mieux connaître les exemples et les enseignements d'un des plus aimables et admirables saints des temps modernes.* »

Bétharram, le 31 décembre 1901

† François,

Ev. de Bayonne

APPROBATION

DE MONSEIGNEUR JOURDAN DE LA PASSARDIÈRE

de la Congrégation de l'Oratoire, évêque de Roséa.

A l'exemple et à la suite de Monseigneur l'Evêque de Bayonne, je suis heureux de féliciter le zélé et pieux auteur de cette nouvelle vie populaire de Saint Philippe de Néri, et de souhaiter à son consciencieux travail le succès d'édification et d'apostolat qui en sera la récompense.

Il a étudié avec un amour vrai et communicatif la suave et attrayante figure de l'admirable saint qui fut tout à la fois, l'apôtre puissant en œuvres et en paroles de la Rome du XVIe siècle ; l'initiateur de génie des réunions de persévérance et de patronage de la jeunesse, plus nécessaires aujourd'hui que jamais ; le modèle à la fois sublime et facile à imiter, de la perfection sacerdotale ; le contemplatif, dont la prière s'échappant d'un cœur tout consumé par la double flamme de l'amour de Dieu et de celui des hommes, était tellement devenue sa Vie, qu'il a voulu laisser le nom même de l'oraison à sa famille spirituelle de l'Oratoire, comme un souvenir vivant, un programme divin, et une devise aimée : Orationi et ministerio verbi, instantes erimus. »

Puisse le cher Saint Philippe redire au cœur de tous ceux qui liront sa vie, les paroles de saint Paul au IVe chapitre de son Epitre aux Philippiens, qui résument d'une façon si expressive et si saisissante son esprit et sa vie à lui-même :

« Mes Frères et mes Fils très chers, vous qui êtes » ma joie et ma couronne, persévérez dans le servi- » ce du Seigneur. Réjouissez-vous en Lui, et que » votre modestie soit connue de tous les hommes. » N'ayez pas de sollicitude inquiète pour les choses » de la terre, mais que dans la prière, la supplica- » tion et l'action de grâces, vous adressiez vos de- » mandes à Dieu ! Que la Paix divine qui surpasse » tous les biens de ce monde, garde vos intelligences » et vos cœurs, en Jésus-Christ Notre-Seigneur. Que » tout ce qui est vrai et pur, juste et saint ; que tout » ce qui est aimable et de bonne réputation soit l'objet » de votre pensée et de vos désirs. Acquérez la soli- » de vertu ; qu'on fasse toujours l'éloge de votre vie » obéissante et disciplinée !... Ce que vous avez » appris et reçu de moi, ce que je vous ai enseigné, » ce que vous m'avez vu pratiquer, faites-le vous- » mêmes, et le Dieu de Paix demeurera avec vous. »

C'est le meilleur vœu de mon cœur, et j'ai la confiance que la divine Bonté daignera, par l'intercession de la Très-Ste Vierge Marie, notre Reine et notre Mère, le ratifier et le bénir.

Paris, 12 mars 1902, anniversaire de la canonisation de S. Philippe de Néri.

† F. J. Xavier

de la Congrégation de l'Oratoire

Evêque de Roséa

AVANT-PROPOS

Le mois de Mai 1895 me fut un temps de cruelles souffrances.

Arrêté tout-à-coup par la maladie qui me mena aux portes de l'éternité, et dont je ne revins — je dois le reconnaître — que par la prière continuelle de saintes âmes à qui j'essayais de faire quelque bien, j'employais les jours de ma convalescence à lire avec délices la Vie de S. Philippe de Néri, écrite par le Cardinal Capecelatro, de l'Oratoire de Naples, et maintenant Archevêque de Capoue et Bibliothécaire de la Sainte Eglise.

Cette lecture me captiva. Au fur et à mesure que j'en dévorais les pages, ce livre s'emparait totalement de mon âme et l'inondait d'inexprimables joies. J'admirais le héros, dont une main magistrale avait si finement réussi le portrait, les vertus sublimes qui avaient rempli sa longue existence, les services immenses qu'il avait rendus pendant près d'un demi siècle à l'Eglise et à la Papauté. De saints désirs, que fait toujours naître la lecture de la vie d'un Saint, s'éveillaient dans mon âme, et je lui vouais une affection beaucoup plus vive que celle que j'avais pour lui depuis déjà 15 ans. Puis, quand j'eus achevé ce livre, il me vint la pensée d'en faire un résumé pour mes besoins personnels ; il me rappellerait sommairement les principales actions de ce géant de sainteté.

Je croyais n'avoir écrit que pour moi seul. Mais, un ami, m'ayant un jour surpris ordonnant mes notes, me pria de les lui communiquer ; et après sérieux examen, crut que ce travail pourrait encore servir au bien des âmes.

L'autorité de son intelligence, que consacre une science hautement appréciée du public, trouvait encore en moi une grande résistance. Ne perdant pas courage, il revint à la charge, soumit son jugement et le fit ratifier par un jury dont la valeur m'honore, et devant qui je dois m'incliner et obéir. Puisse cette obéissance être pour moi le meilleur des appuis et me valoir quelque crédit auprès de ceux qui liront ces pages.

Mais cette publication est-elle bien nécessaire ? et vient-elle à son heure ?

Il existait déjà plusieurs vies de Saint Philippe de Néri, écrites en français (1), dont le récit long ou concis, suivant les différents buts que visaient les auteurs, plaçait sous les yeux des fidèles la vie admirable et sublime d'un des plus grands saints des temps modernes.

Cependant, il m'a semblé répondre aux désirs du public, en lui offrant encore ce travail, condensé, mais lui donnant une connaissance complète de S. Philippe et de son œuvre. Voulant mettre à la portée de toutes les intelligences le portrait du grand héros de Rome au XVIe siècle, j'ai tâché de le présenter d'une façon saillante

(1) Citons parmi les vies déjà parues :

Celle de Mr l'abbé Bayle, de Marseille.

Celle du Cardinal Capecelatro, traduite de l'Italien par le P. Bezin, de l'Oratoire de Paris — 2 vol. Poussielgue.

Celle de la Comtesse d'Estienne d'Orves — in-12 — Lecoffre. 1895.

et pieuse, en plaçant en plus vive lumière les actions principales de sa vie, et en restant surtout dans la note de simplicité oratorienne, si chérie du Saint et qu'il recommandait sans cesse. Pour y réussir, je n'ai voulu avoir en vue que l'unique bien des âmes.

Les fidèles seront-ils satisfaits ? et aurai-je réellement atteint le but que je poursuivais ? — L'avenir le dira.

Ce que je puis affirmer déjà, c'est que j'ai voulu être consciencieux dans mon travail, que je n'ai épargné ni fatigues, ni recherches, consultant tous les documents nécessaires à la composition de mon sujet, les puisant aux sources mêmes de l'Institut. *Les Mémoires historiques* de la Congrégation, (1) éditées en 1693 et devenues mon grand champ d'explorations, m'en ont fourni la plus grande partie et m'ont amplement dédommagé de mes fatigues et de mes peines. Passant des mois entiers à feuilleter ces in-folios italiens, j'y ai trouvé

(1) Memorie Historiche della Congregatione dell' Oratorio da Giovanni Marciano, sacerdote della Congr. dell'Oratorio di Napoli — 5 vol. in-fol. in Napoli M.DC.XCII.

un bonheur inexprimable, tandis que passaient sous mes yeux les diverses phases de la vie de l'illustre fondateur de l'Oratoire romain et de ses premiers disciples, dont S. François de Sales pouvait écrire « ils mènent dès ici-bas une vie angélique. » J'eusse voulu le savourer plus longtemps. Il est si doux de vivre en la compagnie des Saints ! Leur société porte facilement à rêver du ciel et en donne souvent la consolante illusion ; et la contemplation de leurs vertus embaume et charme les moments de notre existence !... J'ai consulté encore la vie de S. Philippe de Néri écrite par le Cardinal Capecelatro ; elle m'a fourni des documents historiques de la plus haute valeur pour raconter l'œuvre de S. Philippe en France, et l'établir, quoique en peu de pages, sur des données irréfutables.

En traitant ce chapitre, j'ai voulu surtout bien faire ressortir la grande part qui revient à S. Philippe, qui fit tant pour la France au point de vue de la foi, en préparant et en obtenant la réconciliation du roi Henri IV avec l'Eglise romaine. Puissé-je de la sorte, exciter l'amour et la reconnaissance envers ce grand saint qu'on invoque si peu, et qu'on laisse, dirait-on, dans un volontaire oubli !

Il est surprenant en effet, quand on parle dans le monde de S. Philippe et de son œuvre, de voir qu'on les ignore totalement, qu'on en fait peu de cas, et qu'on confond toujours son Institut avec une œuvre similaire, établie en France au XVIIe siècle, et appelée aussi couramment : Congrégation de l'Oratoire.

Le vrai nom de cette dernière, que la Ste Eglise a reconnu et sanctionné de son autorité suprême, est : l'Oratoire de Jésus et de Marie Immaculée. Fondée à Paris en 1611, par M. l'abbé de Bérulle qui fut ensuite élevé au Cardinalat, elle est de 30 ans postérieure à l'Oratoire de S. Philippe de Néri. Elle a compté dans son sein une pléiade d'hommes illustres par leur science et leurs vertus, et se répandit très vite sur notre sol français, où elle possédait de nombreux et florissants collèges, œuvre à laquelle elle se consacrait spécialement. Balayée par la grande Révolution, comme tous les autres Instituts religieux, elle a été restaurée en 1852 par le R. P. Pététot, curé de St-Roch de Paris, voue ses membres comme par le passé à l'éducation de la jeunesse, possède plusieurs collèges très prospères, et s'honore, encore de nos jours, de posséder dans ses rangs, des hommes de haute science et de grande vertu.

Toutefois, l'esprit, l'organisation, les œuvres de l'Oratoire de France présentent avec l'Institut de S. Philippe de notables différences. Uniquement créé pour la prière, la prédication et les œuvre de charité et d'apostolat, surtout auprès de la jeunesse, l'Oratoire Philippin apparut dans l'Eglise vers le milieu du XVIe siècle, pour y réparer la déchirure que le protestantisme venait de faire à sa robe sans couture, la consoler de la perte des nombreux enfants qu'il avait arrachés à son amour, et faire disparaître, par la charité et la piété de ses membres, lesruines sans nombre qu'avait accumulées dans son seín l'hérésie de Luther et de Calvin. Dieu bénit visiblement sa mission. Il contribua puissamment à la restauration chrétienne de la société, surtout par la création des œuvres depatronages de jeunesse, qu'il poursuivit et réalisa avec un grand succès, aidé, qu'il était, par la branche des Sœurs Oratoriennes, vouées, par les mêmes

Constitutions, aux mêmes œuvres d'apostolat auprès des enfants de l'autre sexe.

Pour des raisons faciles à comprendre en étudiant l'histoire de France au XVIIe siècle, l'Oratoire Philippin se développa beaucoup moins que le Bérullien sur notre sol français. Une douzaine de maisons dans le sud et trois ou quatre dans le Nord apprirent à notre patrie l'esprit et les enseignements de leur saint fondateur. Elles disparurent elles aussi dans la tourmente révolutionnaire, laissant aux siècles à venir, le souvenir de leurs continuels bienfaits et de leurs admirables vertus.

Restauré à son tour, après 70 ans d'interruption, par Mgr Jourdan de la Passardière évêque de Roséa, homme au cœur vraiment apostolique, il a repris la mission et toutes les traditions de l'ancien. Uniquement préoccupé de marcher sur les traces glorieuses de ses frères aînés, modèles de science et de sainteté, il n'aspire qu'à répandre dans les âmes les bienfaits admibles de l'ascétisme de son saint Fondateur, et à faire connaître l'Institut qui a déjà donné à l'Eglise un Saint, trois Bienheureux et une trentaine de Vénérables, dont le catalogue se trouve, comme appendice, à la fin de ce volume.

Les évènements comtemporains ne semblent-ils pas eux-mêmes nous prêter la main pour mettre en plus vive lumière l'évidente nécessité de ce précieux concours, grâce à son organisation spéciale et à l'esprit avec lequel il forme ses membres pour combattre avec succès la puissance actuelle de l'erreur et du mal ?

Par une progression chaque année plus accentuée vers tout ce que la saine raison condamne et la morale réprouve, nous assistons, depuis bientôt 30 ans, à la décadence de notre chère patrie. La France est devenue un immense théâtre où se trouvent réunies les plus douloureuses et les plus lamentables misères, qu'une société, oublieuse de son Dieu et livrée au libertinage le plus effréné, puisse compter dans son sein. Et l'Eglise, en mère désolée devant les maux affreux dont souffre la fille aînée de son cœur et pour la ramener à la piété et aux pratiques religieuses qui seules peuvent la sauver, a fait appel au zèle et au dévouement de tous ses enfants et les a engagés à prendre place dans cette immense champ d'action.

Tous les Instituts religieux ont entendu ce cri d'angoisse, et ont répondu à l'appel de l'Eglise avec une promptitude et une abnégation admirables. Et parmi eux, il est doux de compter l'Oratoire et de penser, que depuis trois siècles, S. Philippe, si merveilleusement doué de l'esprit de prophétie, a organisé son bataillon sacré et l'a spécialement armé en vue des combats actuels. Sa place est bien marquée dans la vaste arène de notre société.

Par un plan savamment combiné et entrepris de longue date, l'ennemi qui est vraiment « l'ennemi de tout bien », a porté l'ensemble de ses efforts contre l'enfance et les œuvres qui la protègent, sachant fort bien que s'emparer de la jeunesse d'aujourd'hui, c'est tenir déjà en main les familles et la société de plus tard. Et depuis 25 ans, ne se décourageant jamais, malgré des échecs momentanés, il a constamment recommencé l'attaque, a ouvert la brêche, et a atteint, en grande partie, le but qu'il poursuivait.

Le temps a marché aussi ; la jeunesse

d'alors, devenue la génération d'aujourd'hui et celle de demain, élevée, de part de la loi, dans la neutralité officielle ou l'oubli obligatoire de Dieu et de notre sainte religion, livrée, dès lors, au dévergondage le plus éhonté des mœurs et des passions que retenaient au moins la crainte de Dieu et les pratiques religieuses, a donné les premiers fruits qu'on pouvait en attendre. Elle a perdu le sens de tout ce qui est pur, grand et généreux, et roule jusqu'au fond de l'abîme, si une main secourable ne l'arrête pas sur la pente. Chère jeunesse, gloire et orgueil de notre France, en est-ce donc fait de vous ? et faut-il désormais pleurer sur vous comme sur un enfant chéri, objet de toutes les affections et de toutes les espérances, à jamais perdu ?....

Il en était ainsi au XVIe siècle dans la société italienne, où une situation aussi critique menaçait de tout anéantir. Rome s'était vue envahie par la corruption générale, et la piété vraie et profonde était exilée de la plupart des cœurs. Dieu eut pitié de la capitale du monde romain, choisie par ses desseins pour être le centre de la catholicité. Il lui envoya un prêtre selon son cœur pour « tout restaurer dans le Christ » en faisant refleurir dans la société la piété et les habitudes chrétiennes.

Saint Philippe sonda la plaie, reconnut l'horrible chancre qui dévorait tous les rangs de cette société, se mit à l'œuvre en attaquant le mal dans sa racine, et pour cela, résolut de renouveler la société en commençant par les bases. L'enfance devint l'objet de ses constants efforts. Mais pour l'aider dans cette œuvre et pour multiplier ses forces dans le combat qu'il devait livrer, il fonda l'Oratoire, qui, par la prédication quotidienne et les patronages de jeunesse, devait faire circuler une vie nouvelle dans les veines de la jeune génération, et par les pratiques religieuses reconstituer une société chaste et chrétienne.

Après 30 ans de ce modeste, mais continuel apostolat, la ville de Rome était restaurée, les habitudes chrétiennes avaient repris leur place d'honneur dans toutes les familles et y refleurissaient magnifiquement. A jamais reconnaissante pour les insignes bienfaits de son apostolat, l'Eglise a voulu signaler S. Philippe à l'admiration des siècles, en lui décernant le titre glorieux d'*Apôtre de Rome*, tandis que Grégoire XIII décrétait que le 26 Mai, jour de sa fête, serait un jour chômé pour la ville des Papes.

Quel français, vraiment digne de ce nom, à la vue des maux qui affligent la société, et de leur ressemblance frappante avec ceux de la société italienne au XVIe siècle, ne se sent pas ému de compassion, et ne demande pas à Dieu, dans une fervente prière, d'y mettre bientôt un terme et de guérir cette chère patrie, qu'il aime de toute son âme ?

En parcourant ces pages, on aura, je crois, l'intime conviction de ce fait : que S. Philippe ne restaura la société italienne et ne la ramena à Dieu, qu'en faisant refleurir dans ses membres la piété et la pratique des œuvres charitables. Or, la France est, en ce moment, atteinte des mêmes maux que la société italienne au XVIe siècle. Donnons-lui les mêmes remèdes, et surtout ne nous laissons pas décourager par la lenteur ou le petit nombre de nos succès. Considérons la tactique de l'ennemi. Il ne se décourage jamais, malgré ses insuccès. Il revient à la charge et finit par triompher.

Agissons de même. Faisons circuler une sincère piété par notre apostolat de charité dans tous les rangs de la société et surtout de la jeunesse ; et, peu à peu, les habitudes chrétiennes s'infiltreront dans nos jeunes générations, la piété se fixera dans les cœurs de nos enfants, en fera de solides chrétiens, et la société sera restaurée comme elle le fut aux temps de S. Philippe. La vie et les exemples de ce grand Saint aideront puissamment à acquérir cette piété, à développer ces habitudes, et la douce influence de son ascétisme, aplanissant les difficultés que trouve toujours une âme voulant fidèlement servir le bon Dieu, la conduira par une voie facile à l'obtention et à la possession de la divine charité.

Du sommet de cette douce quiétude, obtenue par ces pieuses industries et lui assurant le vrai bonheur ici-bas, elle contemplera, dans le ravissement de la plus vive reconnaissance, la sainteté éminente où sont arrivés, par les mêmes moyens, S. Philippe et un grand nombre de ses disciples que l'Eglise a déjà placés sur les autels ou signalé au monde comme des modèles de haute perfection. Et si ces pages, qui n'eurent jamais que cette sainte ambition, pouvaient déterminer quelqu'un à entrer dans cette voie ou lui faire produire un seul acte de pur amour pour Dieu, je surabonderais d'une joie que je ne puis dire, je serais payé bien au-delà de toutes mes peines, et l'éternité ne serait pas trop longue pour remercier Dieu d'un si grand bienfait !

F. B.

28 Janvier 1902.

Fête de l'Oraison de Notre-Seigneur au Jardin des Oliviers.

VIE

DE SAINT PHILIPPE DE NÉRI

CHAPITRE I

Enfance de Philippe. — Son voyage à San-Germano

Philippe de Néri naquit à Florence le 21 Juillet 1515, sous le glorieux pontificat de Léon X. Sa famille, venue de Castelfranco, s'était fixée depuis quelque temps dans la capitale de la Toscane ; au moment où nous la prenons pour raconter l'histoire de celui qui devait immortaliser son nom, elle se composait de François de Néri et de Lucrèce de Mosciano, tous deux de noble origine, mais peu favorisés des biens de la terre ; en revanche, leur profonde piété leur attirait, avec les bénédictions du ciel, l'admiration et le respect de leurs concitoyens.

Dieu bénit l'union de ces époux chrétiens, en leur accordant quatre enfants : deux garçons et deux filles. Le plus illustre fut notre Saint, qui reçut au Baptistère de Saint-Jean, le nom de Philippe en souvenir de son grand-père.

La nature et la grâce s'étaient unies pour le combler de leurs dons. A une beauté angélique, à un caractère fait de douceur, d'amabilité et de sensibilité exquise, il ajoutait les plus précieuses qualités de l'esprit, qui, dès l'enfance, révélèrent une intelligence de marque. Sa modestie, parée de grâce et de douceur, rayonnait sur son visage et réflétait la beauté intérieure de son âme. Déjà, tout enfant, on l'appelait dans Florence : Pippo buono, le bon petit Philippe.

Pénétré d'un vif amour pour les choses célestes, il prenait ses délices dans la retraite, l'oraison, la psalmodie et l'audition de la parole sacrée, et après ces exercices pieux, quand il revenait au sein de la famille, on le trouvait obéissant à ses parents et à ses Supérieurs, affable avec ses égaux et affectueux pour tous. De si précieuses qualités le rendirent bien vite cher à tout le monde ; elles lui gagnèrent aussi le cœur de Dieu, auquel il demandait sans cesse, dans ses prières, le feu de la charité qui fait les grands Saints ; et cette flamme divine qui déjà brûlait son âme et les célestes faveurs dont Dieu le récompensait, étaient bien la preuve éclatante de la protection qu'il accordait à ce fils très cher. Qu'il est beau l'exemple de soumission et de respect que donne notre saint enfant à tant de fils insoumis, qui cherchent à secouer la tutelle paternelle et toute autorité légitime ! Que ne faudrait-il pas dire aussi du mépris de Philippe pour toutes les choses de ce monde, à l'âge cependant où le cœur humain se repaît des vanités et des illusions de l'esprit ? On crut lui être agréable en lui présentant, un jour, la généalogie de sa famille. Il prit le papier dans ses mains, le déchira ; et dit avec une sainte fierté : « Oh ! combien il vaut mieux figurer dans le livre de la vie éternelle ! »

C'est ainsi qu'il chassa une tentation de vaine gloire.

Son âme était surtout avide de douleurs et de sacrifices. « Jésus-Christ n'a-t-il pas souffert, et n'a-t-il pas été éprouvé pour moi ? Il est donc juste, ajoutait-il, que je souffre et que je sois éprouvé pour lui. » Et fidèle à cette magnanime résolution, il prit tout en patience avec une si grande générosité et un si vif amour, qu'étant pris un jour d'une fièvre ardente, il ne laissa échapper aucune plainte, et cacha son mal à tous les siens, pour que son corps s'habituât à souffrir sous l'œil de Dieu seul. Il montra la même force d'âme au moment où on vint lui apprendre l'incendie de la maison paternelle et la perte de ses biens. Il ne manifesta ni trouble, ni chagrin, tant il avait de mépris pour les choses de la terre. Ainsi fructifiaient la grâce que Dieu avait déposée en son âme et les nobles exemples que lui avaient légués ses parents chrétiens. Il devait aussi ces heureux résultats aux conseils admirables et à la sage direction des Dominicains de Saint-Marc, avec qui il vivait en cordiale intimité.

Aimé et respecté de tout le monde, Philippe était encore un modèle accompli dans ses classes, où son application et ses progrès le plaçaient au premier rang, sans exciter l'envie et la susceptibilité de ses condisciples. Justes appréciateurs de son mérite, ils reconnaissaient en lui des aptitudes supérieures et une facilité extraordinaire pour toutes sortes de sciences. Ainsi s'écoula l'adolescence de Philippe. Il croissait en âge et en vertus, et devenait un sujet d'admiration pour les Florentins, qui le regardaient déjà comme un saint.

Mais Dieu l'avait choisi pour être le père spirituel d'une très nombreuse et très illustre famille. Il lui fallut donc, à l'exemple d'Abraham, quitter la maison parternelle et aller dans une terre étrangère ; et il le fit, dès que sonna pour lui l'heure de la Providence.

Philippe avait un oncle appelé Romulo, qui se livrait au commerce dans la petite ville de San-Germano, non loin du Mont-Cassin. Son père l'y envoya, pour l'initier au négoce sous la direction de son oncle. Notre

Saint obéit, et quitta Florence à l'âge de 18 ans. Romulo, ravi des excellentes qualités de son neveu, l'aima aussitôt et le traita comme son propre fils ; et comme il n'avait pas d'enfant, il songea à le faire son héritier.

Que fera notre jeune Saint devant les ouvertures affectueuses de son oncle et la perspective d'un si riant avenir? Ecoutera-t-il seulement la voix de la nature ? Se laissera-t-il fasciner par les choses de ce monde ? Il consultera Dieu dans la méditation et la prière, se rendant souvent au Mont-Cassin ou au sanctuaire vénéré de la Très-Sainte-Trinité, situé sur une haute montagne qui, d'après la tradition, se serait fendue à la mort du Sauveur. Et là, dans le silence et la prière, écoutant la voix de Dieu parler à son jeune cœur, il se sentira encore plus porté vers les biens célestes et plus dégoûté de toutes les choses d'ici-bas. Dieu qui l'appelle à une sublime vocation, lui donnera le courage de la suivre sans hésiter. Sa détermination est prise ; son avenir est fixé. Il en fait part à son oncle ; et à l'âge de 20 ans, disant adieu à toutes les vanités de ce monde, Philippe renonce aux séductions du plus brillant avenir. L'inspiration d'en-haut le dirige, Dieu l'appelle à Rome ; là, seul, pauvre et inconnu de tout le monde, Philippe sera sûr de faire la volonté divine, en marchant dans le sentier qu'elle lui a tracé de toute éternité.

CHAPITRE II

Rome. — Apostolat séculier de Philippe. Les Catacombes. — La dilatation du cœur.

En arrivant à Rome (1533), Philippe alla visiter aussitôt son compatriote Galeotto Caccia ; celui-ci, gagné par la grâce et la modestie de notre jeune homme, le reçut dans sa maison et lui fournit tout ce qui était nécessaire à son entretien. Les exigences de notre Saint ne seront pas bien grandes. Il vient à Rome comme un pauvre de Jésus-Christ , il en prendra le régime. Un peu de pain, additionné, les jours de fêtes, à quelques herbes ou olives, fait toute sa nourriture ; pour boisson, il ne prend que de l'eau. Et comme son cœur est empreint de la plus noble délicatesse, ne voulant pas abuser de la charité de Galeotto, il se charge volontiers de l'éducation de ses deux fils. Ainsi en enseignant à ces jeunes âmes les principes de la religion et de la vertu, ils satisfait au devoir de la reconnaissance pour son bienfaiteur, et à son propre désir de travailler pour la gloire de Dieu.

Deux ans s'étaient passés dans l'isolement le plus complet. Se sentant appelé à rendre de plus grands services à la religion et à la société, notre Saint résolut de s'adonner tout entier aux études. Il étudia la philosophie à la Sapience, et la Théologie chez les Augustins. Dieu lui donna de pénétrer si avant dans les doctrines de S. Thomas et des Docteurs, que maîtres et élèves, en constatant l'étendue de sa science, la jugeaient plutôt un don du ciel que le résultat de ses efforts personnels. Son esprit d'ailleurs, ne pouvait se détacher du Docteur angélique dont il se proclamait le disciple fervent ; et lorsqu'il s'appliquait à l'étude, on était sûr de le trouver devant la *Somme théologique*, son livre de prédilection. Cette divine science, en pénétrant son âme, l'enflammait d'une telle charité, qu'il ne pouvait plus porter ses regards sur l'image de Jésus crucifié suspendue dans la classe, sans verser des larmes et sentir son cœur gonflé de soupirs.

Ses études achevées, il vendit ses livres, en distribua le prix aux pauvres ; et ne songea plus qu'à se préparer par la prière, le jeûne et les mortifications, au noble apostolat qu'il devait exercer à Rome pendant plus de 60 ans, pour le bien des âmes et la plus grande gloire de Dieu.

Philippe avait 23 ans, lorsqu'il commença son apostolat de charité par la visite quotidienne des hôpitaux. En vrai disciple du Sauveur Jésus, qui passa sa vie à guérir les malades et à faire le bien, notre saint jeune homme se montra, à l'égard des infirmes, un ange de consolation, les assistant, les encourageant et au besoin même les égayant par ses aimables causeries. Il est heureux de se faire tout à tous, témoignant la plus active et la plus douce charité ; on le voyait traverser les vastes salles de l'hôpital du Saint-Esprit, servir les uns, exhorter les autres, et les aider à bien mourir, se dépenser nuit et jour à ce saint ministère, et y trouver déjà l'avant-goût des délices du paradis. Son humilité était si profonde, son affection si vive, qu'il leur donnait sans compter les soins les plus délicats. Et que de fois Dieu ne récompensa-t-il pas les effets de cette charité, en permettant que les plaies les plus hideuses fussent guéries au seul contact des lèvres et des mains bénies de notre Saint ?

Un exemple si édifiant ne pouvait passer inaperçu. Il se répandit au dehors où l'on connut bien vite l'admirable charité de Philippe. Des prêtres et des laïques, poussés par la grâce, demandèrent à partager ce même ministère ; signalons surtout Camille de Lellis, fils spirituel de notre Saint, très avancé dans les voies de la perfection, et plus tard fondateur des prêtres Ministres des infirmes. Oh ! qu'elle est belle la charité que Jésus-Christ est venu apporter sur la terre ! Et que ne fait-elle pas, quand elle s'empare d'un cœur vraiment apostolique ? Aimer son prochain quand il n'y a pas de sacrifice à faire, n'exige pas de bien grands efforts. Mais quand pour témoigner cet amour, il faut aller jusqu'au sacrifice de soi-même, jusqu'à l'héroïsme, il faut être du tempérament de Philippe, il faut avoir comme Philippe son cœur embrasé de l'amour divin.

Entré dans cette voie d'apostolat, son désir de se dévouer au bien du prochain devint insatiable. « Que d'âmes se perdent, disait-il, parce qu'elles manquent d'une instruction religieuse suffisante ! » Et dans le désir de sauver ces âmes, sans pour cela abandonner ses chers infirmes, il trouvait moyen de les instruire de notre sainte religion, sur les places publiques, dans les rues, en un mot partout où il était sûr de les rencontrer. Son cœur recherchait surtout les jeunes gens ; et quand il les trouvait, il leur témoignait la plus tendre affection, les embrassant, les pressant sur son cœur. Philippe connaissant en effet la faiblesse du pauvre cœur humain et les dangers de cet âge, éprouvait à leur égard la plus tendre compassion. Il usait avec eux de paroles douces et affectueuses, et entrait si avant dans leurs cœurs qu'il les détournait du vice et les gagnait à Jésus-Christ. Qui dira les merveilles opérées par l'apostolat de notre Saint encore séculier ? Elles furent si abondantes en fruits de salut et de sanctification, qu'un grand nombre quittèrent le monde pour entrer en religion, un plus grand nombre renoncèrent à la vie de péché et se fixèrent résolument dans le chemin de la vertu.

Où donc était la source du merveilleux apostolat de notre Saint ? Philippe aimait passionnément les âmes ; et l'ardente charité dont son cœur brûlait pour Dieu et le prochain, était l'unique stimulant de son zèle. Il y joignait les prières, les pénitences, les larmes abondantes, et dans les colloques intimes avec Dieu, qui occupaient ses nuits, il excitait la miséricorde divine et l'inclinait vers les pécheurs. Le prodige suivant montrera combien cet apostolat séculier, qui dura 12 années, était agréable à Dieu.

Pour mieux goûter les délices de l'oraison,

Saint Philippe reçoit dans les catacombes de Saint Sébastien le Saint-Esprit, sous la forme d'un globe de feu.

Philippe, avide de recueillement et de solitude, se retirait souvent dans les Catacombes de St-Sébastien où il passait des nuits entières. Qui pourrait dire les transports de son âme à la vue de ces demeures souterraines, témoins des combats et des triomphes magnifiques des premiers champions du christianisme ? Avec quelle vénération ne baisait-il pas les vestiges de tant de héros, immolés pour la gloire de Dieu ? Avec quel amour n'approchait-il pas de leurs cendres, reposant depuis des siècles dans ces grottes profondes ? — C'était en 1544 et aux approches de la fête de Pentecôte. Notre Saint avait 29 ans ; sa vie, jusqu'à ce jour, avait été toute céleste. Son âme, encore plus enflammée de charité pour Dieu, demandait au Saint-Esprit, avec des affections et des désirs incomparables, de la combler de ses ineffables dons. Soudain, une vive lumière éclaire les Catacombes. Un globe de feu apparaît à Phillippe ; et il lui semble que ce feu, venu du ciel, remplit sa bouche et pénètre dans sa poitrine. En même temps, il sent dans son cœur s'allumer un tel incendie d'amour que ne pouvant en soutenir l'ardeur, il tombe épuisé sur le sol, et est obligé de découvrir sa poitrine pour la rafraîchir et la soulager. Cette ardeur est si brûlante que ni la rigueur de l'hiver, ni les glaces de l'âge ne pourront plus l'éteindre. Quand cette flamme intérieure eut diminué d'intensité, il se leva rempli d'une joie inaccoutumée. Mais il sentit aussitôt un mouvement étrange se faire dans la région du cœur. Ayant porté la main sur le côté pour constater la chose, il trouva, ô prodige ! une protubérance formée par la section de deux côtes, qui se recourbaient miraculeusement, pour permettre au cœur, soudainement dilaté de palpiter sans douleur, et sans danger pour sa vie, comme le constatèrent d'ailleurs les médecins dans l'autopsie qu'ils firent après sa mort. Depuis, il conserva, le reste de ses jours, une palpitation de cœur extraordinaire, qui lui occasionnait une très douce allégresse, stimulait son amour pour Dieu, et dont bon nombre de ses disciples éprouvèrent les effets sensibles et merveilleux. Que de fois, ayant eu le bonheur de reposer leur tête sur sa poitrine, ils furent délivrés des tentations pénibles qui les obsédaient.

Ce prodige acheva de transformer Philippe. Il apparut, dès lors, tout consumé d'amour. Et cet amour, qui possédait son âme, se manifestait dans ses paroles, ses actions et toute sa personne ; il révélait les trésors de grâces dont Dieu l'avait comblé. Sa vertu, en édifiant la ville, faisait l'admiration des religieux eux-mêmes. Le P. François Courdoue, devenu Maître des Novices au Couvent des Dominicains de la Minerve, voulant stimuler la ferveur de ses disciples, leur proposait souvent la vie admirable de notre saint jeune homme. S. Ignace, qui l'avait rencontré jeune encore, à Rome, était dans un tel étonnement devant sa sainteté, qu'il le désirait ardemment pour son Institut. « Donnez-moi, disait-il, Philippe pour compagnon, et je me charge de convertir l'univers. » Il le nommait agréablement « *la cloche* », parce qu'il appelait les autres à la religion, tout en restant lui-même dans le siècle. Philippe, à son tour, estimait et vénérait S. Ignace et sa Compagnie. Rencontrant un jour quelques Jésuites qui allaient en promenade : « Vous êtes, leur dit-il, les enfants d'un bien illustre père. Il m'a appris à faire l'oraison mentale. » Ravissantes paroles ! Elles nous révèlent bien la profonde humilité de notre saint !

CHAPITRE III

Philippe fonde la Trinité des Pèlerins et des Convalescents

L'amour de Dieu et l'amour du prochain sont unis par des liens si étroits, que l'un ne peut exister sans l'autre. Qui aime Dieu véritablement, doit aimer nécessairement son prochain, image et reflet de Dieu. C'est ce qui explique l'admirable charité de Philippe pour les âmes : elle n'avait pas de bornes, parce que son amour pour Dieu n'avait pas de limites, surtout depuis le miracle des Catacombes. L'état lamentable où se trouvaient les chrétiens de Rome au XVIe siècle ; les misères, qui désolaient en ce moment l'Eglise, émurent le cœur de notre saint ;

elles furent un stimulant pour sa charité industrieuse, et la raison déterminante des œuvres nouvelles qu'il devait créer pour le bien du prochain.

C'était en 1548. Des foules considérables, parties de tous les coins du monde, affluaient à Rome, pour y visiter le tombeau des Apôtres. Elles se composaient de pauvres et de riches, mais surtout de pauvres, obligés, pour arriver au terme du voyage, de mendier des secours et de souffrir des privations de toutes sortes. Et lorsqu'ils arrivaient à Rome, sans ressource, exténués de fatigue ou atteints par la maladie, ils ne trouvaient souvent, ni nourriture suffisante pour le jour, ni asile pour la nuit.

Cette vue attendrit le cœur si compatissant de Philippe ; et sa charité surmontant toutes les difficultés : « Remédions à un si grand mal, se dit-il. » Et aussitôt, avec l'aide de de son confesseur, le prêtre Persan Rosa, et comptant uniquement sur la Providence, il fonda la *Confrérie des Pèlerins* dans l'Eglise de Saint-Sauveur-des-Champs. Les débuts furent très-modestes. Peu de personnes seulement, voulurent s'associer à son entreprise : une quinzaine de personnes seulement. Mais que lui importait le nombre. Animés et encouragés par son exemple, les cœurs s'embrasaient de la plus ardente charité ; et le zèle suppléait au nombre.

Tous les jours ils se réunissaient dans cette petite église ; ils y priaient, entendaient la sainte Messe et s'approchaient souvent des sacrements. Surtout ils parlaient de Dieu dans leurs conversations, et s'excitaient à la pratique de toutes les vertus. Les premiers dimanches du mois, comme pour les Quarante-Heures, on exposait le Très-Saint Sacrement à la vénération publique ; et tous, prosternés à ses pieds, lui adressaient leurs plus ferventes prières. Philippe, quoique laïque, prêchait, exhortait ses compagnons tout en s'adressant aux autres fidèles, qui venaient chaque fois plus nombreux entendre sa prédication. Et sa parole simple et même inculte descendait dans le plus intime de leurs cœurs et y produisait des fruits merveilleux de conversion. On raconte que 30 jeunes gens, de mauvaise vie, entrèrent un jour dans l'église pendant un sermon de Philippe. Ils y étaient venus avec l'intention de se moquer de la prédication de notre saint. Mais la simplicité et l'onction de sa parole leur firent une telle impression, qu'ils fondirent en larmes, furent changés en d'autres hommes, et entrèrent dans la voie lumineuse qui conduit au royaume des cieux.

Pendant les Quarante-Heures, Philippe passait la nuit entière aux pieds des Saints Autels,et il se chargeait d'appeler les confrères qui devaient à tour de rôle se remplacer devant le St. Sacrement. Il le faisait par un petit tintement d'une clochette, et disait agréablement à ceux qui s'en allaient : « Allons, votre heure de prier est achevée ; mais, il n'est pourtant pas fini le temps de faire le bien. » Par ces saints exercices, notre saint avançait sa propre sanctification et disposait les âmes de ses confrères à se dévouer au secours du prochain dans les œuvres de charité dont nous allons parler.

Nous voici arrivés en 1550. Jules III, en montant sur le siège de St. Pierre, venait d'accorder à l'univers catholique la grâce d'un jubilé. Des foules nombreuses arrivaient à Rome, où la Confrérie des Pélerins, nouvellement inaugurée, commençait à recevoir les étrangers et à leur donner les secours de la plus large hospitalité. Mais l'emplacement étant insuffisant, il fallut louer un plus vaste abri, à côté de l'Eglise de Saint-Sauveur.

Qu'il est beau l'exemple que donnent Philippe et ses compagnons dans les fonctions touchantes de leur office de charité ! Ils accueillent et embrassent avec joie ces pauvres pélerins exténués par les fatigues de la route. Ils les consolent des peines endurées dans le voyage, leur lavent les pieds avec tendresse, les servent à table, préparent ou refont leurs lits, et leur prodiguent toutes sortes de soins. Et ces pélerins, venus uniquement à Rome pour pleurer leurs péchés et y trouver la grâce du pardon, étaient émus jusqu'aux larmes d'y rencontrer une charité si nouvelle et si inattendue. O charité chrétienne, que vous êtes différente de cette philanthropie que veut prêcher et établir dans le monde une école nouvelle !

Vous faites produire aux âmes de tels prodiges d'abnégation et de tels sacrifices, que la vue seule opérait les plus admirables conversions ! Que d'âmes, entrées dans cet asile de charité, accablées sous le poids de leurs fautes, en sortirent totalement changées ! Que d'hérétiques, touchés des témoignages de charité qu'on leur prodiguait, abjurèrent leur erreur, et rentrèrent avec bonheur dans le sein de l'Eglise ! C'est ce qui arriva au cousin de Calvin lui-même et à bien d'autres,qu'il serait trop long d'énumérer ici.

La charité, ainsi comprise et pratiquée par les jeunes confrères, n'était que le résultat des leçons de Philippe, dont la vie leur était un continuel exemple. Attirés et gagnés par les effusions de sa charité, plusieurs des membres de cette Confrérie arrivèrent promptement à la perfection et devinrent des saints. L'un d'eux, qui remplissait l'office de cuisinier, parvint à un tel degré de vie unitive, qu'il lui suffisait de regarder le ciel étoilé pour se sentir aussitôt ravi en extase et inondé des plus douces

Saint Philippe fonda la Confrérie de la Très Sainte Trinité pour secourir les pèlerins et les convalescents.

consolations ; si vif était en lui le désir du ciel ! si ravissant pour son âme le spectacle des merveilles de la création !

La Confrérie s'était considérablement développée. Philippe qui l'avait créée pour les infirmes qu'il aimait tant, voulut qu'elle fut encore un asile pour les convalescents à leur sortie des hôpitaux. Elle fut donc appelée : *Confrérie des Pèlerins et des Convalescents* ; et comme le nombre des malades s'était accru, elle fut transférée dans l'Eglise et la maison de la Très-Sainte-Trinité du Pont-Sixte. Elle progressa encore ; et l'on vit s'y enrôler, membres actifs, des personnes de la haute société et y apporter de généreuses offrandes. Pendant le jubilé de 1600, on put évaluer à un demi-million le nombre des pélerins qui y furent reçus. Des Seigneurs, des Evêques, des Cardinaux, et même le Souverain Pontife venaient y servir les pauvres et leur rendre les plus humbles offices. Clément VIII y allait souvent ; et à l'exemple de Notre Seigneur Jésus-Christ, leur baisait affectueusement les pieds et les servait avec une bonté touchante. Et tout cela n'était que le fruit de l'œuvre créée par Philippe ; ce n'était qu'une admirable et belle manifestation de la religion du Divin Crucifié, qui seule peut inspirer et enfanter des prodiges de charité si extraordinaires.

Philippe ne vivait plus pour lui-même. Possédé par la charité divine, il s'était fait l'esclave de cette même charité au profit du prochain. Aussi, assister les infirmes, accueillir les pélerins, consoler les affligés, convertir les pécheurs, était son unique vie. Cette charité n'avait pas de borne ; et avec quelle délicatesse il l'exerçait. Une famille noble, déchue de son élévation, était tombée dans une extrême misère. Philippe l'apprit, et touché de compassion, il résolut de la secourir en secret. Au milieu d'une nuit profonde il quitte sa maison et s'achemine vers celle de la famille, emportant l'aumône qu'il lui destinait. Mais ayant voulu faire place à un char qui venait rapidement vers lui, il s'écarta brusquement et tomba dans une profonde fosse d'une maison en construction. O prodige ! il se fait aussitôt une grande lumière, et notre Saint aperçoit un ange qui le prend par les cheveux,et le soulevant, l'en retire sain et sauf. O charité de Philippe que vous êtes admirable ! Vous réjouissez et consolez le cœur des malheureux sur la terre, mais, vous ravissez aussi le cœur de Dieu ! Et pour lui en donner une preuve éclatante, il lui envoie un jour un ange sous les dehors d'un pauvre d'une merveilleuse beauté. Ayant rempli sa céleste mission, l'ange disparut, et laissa le cœur de notre Saint inondé d'une douce allégresse.

Malgré des signes si manifestes,semés par Dieu le long de son charitable apostolat, Philippe avait encore des doutes sur sa vocation. Devait-il continuer son ministère actif, ou se retirer dans la solitude, et y vivre de prière et de contemplation? Il voyait bien les fruits nombreux produits par ses œuvres ; mais étaient-ils bien le signe réel de la volonté du ciel,ou le résultat effectif de ses travaux et de ses peines? Cette pensée torturait son âme, et la jetait dans une grande perplexité. Que va-t-il faire dans cet embarras ? Comme toujours, notre Saint consultera le ciel. Il lui adressera de ferventes prières et pratiquera de rigoureuses pénitences,car il a une entière confiance que Dieu lui donnera ses lumières et lui manifestera sa volonté.

Son espoir ne fut pas trompé. Dieu eut pitié des angoisses de son âme, et fit cesser la cruelle épreuve de son fidèle serviteur. C'était en 1550. Un matin qu'abîmé dans la ferveur de l'oraison il en goûtait les délices, St. Jean-Baptiste lui apparut tout-à-coup, remplit son âme d'une douce charité et le ravit en Dieu quelques instants. Il lui assura que Dieu le voulait,non pas dans la solitude, mais dans l'activité de son saint apostolat. » Votre mission est très agréable à Dieu, lui dit-il ; vous l'avez éprouvé. Vous le constaterez encore par les fruits abondants et les bénédictions dont il la récompensera. » Ainsi confirmé dans son apostolat, Philippe ne douta plus de la volonté divine. Il s'adonna avec plus de ferveur encore aux saints exercices qu'il avait créés, ainsi qu'aux autres œuvres charitables qui remplissaient les moments de sa vie. Les infirmes et les pèlerins, les pauvres et les pécheurs restèrent l'unique ambition de son apostolat laïque, qui bientôt faisant place à celui de son ministère sacerdotal, lui donnera l'occasion de se produire d'une façon plus merveilleuse et plus féconde, en travaillant à la réforme si nécessaire des mœurs du XVIme siècle.

CHAPITRE IV

Philippe reçoit le sacerdoce. — Débuts de son ministère.

Philippe était d'une humilité si profonde, qu'il n'avait jamais songé à devenir prêtre. D'ailleurs il avait en si haute estime la dignité sacerdotale, et cette estime correspondait si bien à l'idéal sublime qu'il s'en faisait et que Dieu lui avait inspiré, qu'il la tenait encore plus éloignée de ses aspirations et de son cœur. Mais Dieu le voulait prêtre ; et il dût se soumettre à la volonté divine.

Dès les premiers jours de 1551, son confesseur le prêtre Persan Rosa, homme d'une piété et d'une sagesse peu communes, lui conseilla de se consacrer à Dieu dans le sacerdoce, lui déclarant que telle était la volonté du ciel. Philippe, épouvanté à cette déclaration, allégua « qu'il ne pouvait accepter une dignité au-dessus de ses forces, ni se rendre à ce conseil ; que lorsqu'il avait inauguré à Rome son apostolat, son dessein n'avait été que de se sanctifier dans le monde, en y faisant le plus grand bien ; et que ce dessein serait dépassé en recevant un honneur que son indignité ne pouvait accepter. » Mais le prêtre Rosa, convaincu de tout le bien que ferait Philippe une fois revêtu du sacerdoce, lui enjoignit de se faire ordonner prêtre. Voyant dans cette insistance et ce commandement un signe manifeste de la volonté divine, notre saint obéit ; et comme sa vie n'avait été jusque là qu'une continuelle préparation à ce saint état, que ses études philosophiques et théologiques l'avaient déjà instruit de tout ce qui était requis pour cette sublime dignité, il fut réglé par le Vicaire du Pape, Mgr Philippe Archinto, que tous les ordres lui seraient conférés en peu de temps. Philippe reçut donc les ordinations successives dans le courant du mois de Mars ; et le 23 Mai 1551, à l'âge de 36 ans, il était ordonné prêtre dans l'Eglise de S.

Thomas-in-Parione. L'état de plus haute perfection où vient d'entrer notre saint, loin d'entraver son saint apostolat, ne lui donnera qu'une forme nouvelle. Il l'ennoblira, le grandira et lui fera produire des fruits abondants et plus utiles pour l'Eglise de Jésus-Christ.

Revêtu du sacerdoce, Philippe quitta la maison de Galeotto Caccia pour se retirer dans une maison, habitée par des prêtres, appelée : S. Jérome-de-la-Charité.

Près du Champ-des-fleurs s'élevaient une Eglise et une maison que l'on voit encore aujourd'hui, et où, d'après la tradition, S. Jérome et Ste Paule avaient habité quelque temps. En 1523, une Confrérie de la Charité s'était établie dans ses murs ; et en 1551, afin d'assurer le service de l'Eglise, on allouait un modeste traitement à quelques prêtres de grande vertu, qui, sans cependant suivre une Règle religieuse, y vivaient en Communauté. Philippe se confessait à l'un d'eux, le prêtre Persan Rosa ; et comme il les avait tous en profonde estime, et que leur genre de vie avait des attraits pour son

3

âme, il se hâta de se joindre à ces prêtres qui étaient l'édification de toute la ville. Saint-Jérome-de-la-Charité devint ainsi le premier théâtre des œuvres sacerdotales de notre saint.

A quel genre de vie va-t-il donc se vouer, à présent qu'il disparaît pour ainsi dire de la scène du monde, pour se cacher dans les murs de S. Jérome ? Dès le premier instant, il apparut à tous un prêtre selon le Cœur de Dieu, uniquement soucieux de refléter dans sa vie, la vie et l'image de Notre-Seigneur Jésus-Christ. Et comme, pour accomplir son œuvre rédemptrice, le divin Maître s'offrit en victime à Dieu son Père et consacra son ministère actif à pardonner les pécheurs et à leur enseigner le chemin de la vérité et de la vertu, Philippe fera comme son Maître, et reproduira en subtance l'œvre du Christ-Jésus,en se dévouant à ces devoirs du sacerdoce avec un zèle et un amour de jour en jour plus grands.

Quand il célébrait la Sainte Messe, son cœur s'embrasait d'une telle ferveur qu'il était ravi en extase. Et alors que les autres prêtres font de continuels efforts pour se recueillir en Dieu avant de célébrer, Philippe devait en faire au contraire de très-grands pour distraire son esprit de Dieu, et modérer l'ardeur de ses saints désirs. Il avouait lui-même au P. Consolino « qu'il lui eut été impossible de célébrer, s'il n'avait lu avant la Sainte-Messe quelque livre traitant de matières indifférentes. Son esprit eut manqué de l'attention nécessaire pour accomplir les rites extérieurs, absorbé qu'il était par de profondes méditations. » Cette précaution était même insuffisante. Sa charité était si vive, sa ferveur si intense, qu'une sainte émotion s'emparait de son âme et se manifestait au-dehors. Dès qu'il arrivait à l'Offertoire, une douce joie l'inondait et rayonnait sur son visage. Il réprimait bien autant qu'il le pouvait ces sentiments d'amour ; mais ses efforts étaient inutiles. Lorsqu'il devait verser le vin dans le calice, sa main tremblait de bonheur ; et il devait appuyer bien fort le bras sur l'autel, pour pouvoir y réussir. Enfin, quand après la consécration, il élevait la Sainte Hostie pour la montrer au peuple, à peine pouvait-il rabaisser les mains pour la déposer sur l'autel. On le vit souvent dans cette position rester de longs moments, et paraître s'élever, ou s'élever réellement, au-dessus du sol. Qui pourrait dire les ineffables douceurs qui inondaient son âme lorqu'il recevait Notre-Seigneur dans la sainte communion ? Il semblait y trouver un goût sensible comme dans une nourriture exquise. Il en était de même pour le Précieux-Sang. Il ne pouvait détacher de ses lèvres le calice des divines bénédictions, il l'aspirait longtemps avec une amoureuse avidité,

Lorsqu'il devait célébrer en public, il faisait de continuels efforts pour ne pas se livrer à de trop longues extases, et ne pas attirer sur lui l'attention des fidèles. Plus tard Grégoire XIII l'autorisa à célébrer dans une petite chapelle contigüe à sa chambre. Il put alors se livrer en entier à sa dévotion et s'unir à son Dieu avec pleine liberté d'esprit. Quand il arrivait a ces paroles : *Domine, non sum dignus* — les assistants quittaient la chapelle ; le servant lui-même, après avoir fermé les fenêtres et la porte pour qu'on n'entendit pas la voix et les soupirs de notre saint, sortait lui-même de la chapelle, et suspendait au-dehors une petite tablette avec cette inscription : « Silence ! le Père dit la messe. » Au bout de deux heures le clerc retournait et frappait à la porte. Si le saint répondait, le clerc entrait et achevait de servir la messe. Quand le saint ne répondait pas, le clerc s'en allait de nouveau, et ne rentrait qu'au son de la clochette qui le rappelait. Souvent, pendant qu'il distribuait la sainte communion, on vit la Sainte Hostie s'élever au-dessus du ciboire, et aller se placer d'elle-même sur les lèvres du communiant, et plusieurs autres prodiges dont Dieu récompensait la ferveur de notre saint, en montrant combien il avait pour agréable le sacrifice non sanglant de son Divin Fils, offert par ses mains.

On ne s'étonnera plus à la lecture de ces faveurs insignes, que durant les quarante cinq ans de son sacerdoce, Philippe n'ait voulu se priver de célébrer la sainte messe, si ce n'est pendant les temps de maladie. Et alors, il ne se consolait qu'en communiant tous les jours. Si le religieux, chargé de lui apporter la sainte communion, tardait trop à venir, il ne trouvait de calme tant qu'il n'avait pas reçu la Sainte-Eucharistie. Un jour qu'il était plus malade, l'infirmier, craignant de lui occasionner une trop vive émotion, avait prié qu'on ne lui apportât pas la sainte communion. Philippe le fit approcher : « Vous voulez, lui dit-il, que je repose ? Et bien, faites-moi apporter la Sainte-Eucharistie. Dès que je l'aurai reçue, je goûterai le sommeil. ? On exauça ses désirs. Et non seulement il en éprouva un bienfait, mais il recouvra bientôt après la santé.

Notre Saint ne pouvait souffrir ni interruption, ni retard dans la réception de la Sainte-Eucharistie, à tel point, qu'un jour le P. Gallonio, mettant une certaine lenteur à réciter les paroles avant la Communion : « Et que tardez-vous, s'écria Philippe avec une sainte impatience, à me donner celui que j'aime et dont mon âme est affamée ? » Que penser, en entendant ces paroles touchantes, de tant de chrétiens qui peuvent rester des années entières sans approcher de la Sainte-Table ! et n'éprouvent pendant ce temps, ni désir d'approcher de Jésus, ni souffrance de s'en trouver séparés !

Le zèle qu'il apportait au ministère de la confession était aussi admirable. Il laissait la porte de sa chambre toujours ouverte pour permettre à ses pénitents ordinaires d'aller facilement le trouver. Et tel était leur concours, que chaque matin, avant l'aube, il avait déjà confessé une quarantaine de personnes dans le secret de sa cellule. Il descendait alors à l'Eglise, et y restait à entendre les confessions jusqu'à midi, heure ordinaire de sa messe. Quand, par hasard, il n'avait pas de pénitents, il ne quittait pas pour cela le confessionnal, mais il restait tout à côté, priant ou méditant, jusqu'à leur arrivée.

Ce ministère de pardon, Philippe n'eut jamais voulu l'interrompre. Et lorsque la maladie l'empêchait de descendre à l'Eglise, il confessait dans sa cellule, mais il confessait toujours. Par cette assiduité au confessionnal, par son zèle et son amour pour le salut des âmes, notre saint produisit des effets admirables. Il réforma les mœurs et la discipline dans la ville de Rome, introduisit l'usage de la confession et de la communion fréquentes, presque entièrement oubliées à cette époque. Par ces puissants moyens, il gagna une infinité d'âmes à Notre-Seigneur Jésus-Christ, et réjouit le cœur de l'Eglise autant que la réforme protestante lui avait causé de tristesse. Dieu, de son côté, le récompensait amplement de ses fatigues, en lui donnant de trouver dans son ministère les plus douces consolations. « Le confessionnal, disait-il, est pour moi une très grande joie. Loin d'être une fatigue, il me procure un soulagement et une récréation, » et « la mort seule y mettra un terme. »

Ce nombre extraordinaire de pénitents s'explique facilement par les procédés d'affection et de miséricorde qu'employait notre saint. Tous les pécheurs, même les plus rebelles, trouvaient en lui le cœur du plus tendre des pères ; et une fois qu'ils s'étaient confessés à lui, ils y revenaient toujours. C'est que Philippe connaissait admirablement le cœur humain et savait y répandre l'onction des plus douces consolations. Personne n'entrait dans son confessionnal bourrelé de remords ou accablé sous le poids des plus vives peines, qu'il n'en sortit converti ou consolé. Tout cœur, blessé par les traits des ennemis, retrouvait en lui le bon Samaritain pour penser et guérir ses blessures ; la brebis égarée de la maison d'Israël retrouvait le bon pasteur, pour la remettre dans la voie du salut, en lui disant aussi, comme autrefois le Bon Jésus : « Allez en paix, et ne péchez plus ! »

Si Philippe se servait du confessionnal pour ramener à Dieu les âmes et leur enseigner le chemin de la vertu, il désirait surtout perfectionner son enseignement en les instruisant des vérités de notre sainte religion. Son cœur, débordant de charité, ne leur marchandait ni son temps, ni sa peine. Dans ce but, presque toujours après son repas, il recevait ses amis dans sa cellule ; et là, appuyé sur le bord de son lit, il leur parlait du royaume de Dieu. Semblable au plus heureux des pères qui s'entretient avec ses enfants, il conversait avec eux sous forme de dialogue ; et tout en gardant le ton familier, il leur enseignait, nous dit le P. Gallonio, les vérités les plus sublimes : le détachement du monde, la beauté de la vertu et la récompense que Dieu réserve à ceux qui l'auront pratiquée ici-bas. Ces récréations duraient une heure ou même davantage. Au début, peu de personnes y assistaient. Mais bientôt le nombre s'accrut considérablement ; tant on était avide d'entendre discourir notre saint sur les choses du ciel.

Parmi les plus assidus à recueillir les enseignements de Philippe et qui arrivèrent ainsi à une grande perfection, se trouvait Jean-Baptiste Salviati, frère du cardinal de ce nom. Issu d'une très noble famille, habitué au faste des princes romains,il menait un grand train de vie,ne sortant qu'accompagné d'une nombreuse suite. Mais converti par notre saint, il devint un exemple de si profonde humilité, qu'il se rendait souvent dans les hôpitaux pour soigner les malades, et choisissait toujours les offices les plus humbles et les plus répugnants. Il mourut en prédestiné dans les bras de Philippe, en prononçant ces paroles : « Je me suis réjoui de ce qui m'a été dit : nous irons dans la maison du Seigneur. »

Le fait suivant est tout aussi merveilleux. François-Marie Tarugi, neveu des papes Jules III et Marcel II, était très estimé à la Cour romaine à cause de ses talents et de sa noble origine. Ayant eu le bonheur de rencontrer un jour Philippe, il s'attacha tellement à lui, qu'il se plaça sous sa direction. Ordonné prêtre, doué d'une incomparable éloquence, il reproduisit dans sa prédication, la simplicité et la suavité de son Maître. Créé archevêque d'Avignon, légat et cardinal, il ne pouvait vivre éloigné de Philippe. Il obtint de déposer des dignités si contraires à sa profonde humilité, pour redevenir humble philippin en rentrant au berceau de la Congrégation, qu'il aimait comme sa vraie mère. Dans sa vieillesse, il ne voulait se glorifier que d'une chose :

d'avoir été pendant 50 ans le disciple obéissant de Philippe.

Constant Tassoni, neveu du cardinal de Fano, fidèle aux exhortations de Philippe, eut le courage de suivre l'exemple de Tarugi. Il quitta la Cour où le retenaient des attaches si fortes, qu'il croyait ne pouvoir jamais les briser. Dieu l'aidant, il renonça au monde et entra résolument dans le chemin de la perfection. Devenu prêtre par ordre de notre saint, il fut le familier de S. Charles Borromée. Venu à Rome régler des affaires diocésaines, il tomba malade et mourut dans les bras de Philippe, qui lui avait déjà annoncé sa mort.

Jean-Baptiste Modio était aussi pénitent de Philippe et un des plus assidus à ses conférences. Plein de science et de vertu, il fut sauvé de deux maladies mortelles par les prières de notre saint. Philippe utilisa merveilleusement son talent, en le faisant, quoique laïque, prêcher à l'Oratoire. Il excellait surtout à raconter la vie des saints ; et les qualités précieuses dont Dieu l'avait enrichi lui faisaient produire un très grand bien dans les âmes.

Nous devrions signaler plusieurs autres premiers disciples de Philippe. Mais, outre que la liste en serait trop longue, nous dépasserions les bornes que nous nous sommes imposées pour notre modeste travail. Disons seulement que leur nombre augmentait tous les jours ; que tous s'étaient imprégnés de l'esprit de notre saint et l'aimaient véritablement. Philippe répandait autour de lui des trésors de grâce et de sanctification par sa parole et son ministère de pénitence, que Dieu illustrait par le don de prophétie et les miracles ; et ses disciples, de leur côté, mettaient en pratique les leçons de charité, de douceur et d'humilité que leur donnait leur saint Maître. Ces exemples, venant de personnes de noble origine, faisaient un bien immense, étendaient la réputation de notre Saint, augmentaient le fruit de ses œuvres, en étant, tous les jours, pour la société romaine, une manifestation admirable de la mission surnaturelle de l'Eglise : mission toute de dévouement et de charité.

CHAPITRE V

Philippe renonce à la mission des Indes. — Oratoire de saint Jérôme. — Merveilleuses industries de son zèle.

En 1557, Philippe fut sur le point de laisser toutes ses œuvres de Rome, pour s'en aller évangéliser les infidèles ; voici comment. —Durant les réunions qu'il avait organisées à S. Jérôme, notre saint faisait lire, après les conférences et les sermons d'usage, des lettres de missionnaires qui évangélisaient les Indes. On en lisait aussi de S. François Xavier, où se trouvait, peint au vif, l'état lamentable de ces peuples infidèles. On y racontait les prodiges de charité accomplis par Xavier et ses compagnons, les fruits merveilleux obtenus par leur pénible apostolat, et le besoin où l'on était encore d'avoir des hommes de cœur, prêts à tous les sacrifices.

Comment ces émouvants récits n'auraient-ils pas attendri le cœur de notre saint ? Comment, lui, si compatissant et si charitable, ne se serait-il pas apitoyé sur le sort de ces âmes, plongées dans les ténèbres de l'idolâtrie, et privées, à tout jamais, des lumières de la foi et de l'espérance chrétiennes ?... Il résolut donc de partir pour ces lointaines régions, si c'était la volonté divine. D'ailleurs partager les fatigues des compagnons de Xavier et continuer leur noble et saint apostolat, n'était-ce pas un sort des plus dignes d'envie ? Et si Dieu lui donnait de verser son sang et de cueillir ainsi la palme du martyre, ne serait-ce pas la plus belle récompense qu'il put ambitionner ici-bas ? Il fit donc part de son dessein à ses compagnons d'apostolat. Et tous, au cœur plein de zèle et de courage, se disposèrent à partir au moindre signe du Pape, qui leur confierait cette nouvelle mission.

Mais devant une affaire aussi importante,

Saint Philippe introduit le premier dans Rome, l'usage de la prédication quotidienne et familière.

Philippe ne se laissa pas entraîner par l'ardeur de son zèle. Il redoubla de prières et de mortifications;il ne se contenta plus,pour connaître la volonté de Dieu, des lumières de son confesseur et des hommes prudents qui étaient à ses côtés,mais il se mit à la recherche de quelque saint. Et ayant entendu parler d'un moine cistercien, Augustin Ghettini, prieur du monastère des SS. Vincent et Athanase, il alla le trouver, pour lui soumettre son projet et lui demander conseil. Cet homme, éminent en science et en sainteté,éclairé des lumières d'en-haut,avait une dévotion spéciale à S. Jean l'Evangéliste. Il accueillit notre Saint avec bonté, l'écouta, et lui répondit quelques jours après : « Pendant que je priais, S. Jean m'a apparu, et m'a dit que vos Indes sont à Rome. » En entendant ces mots, Philippe comprit tout le sens caché dans cette réponse. Il renonça à son projet de mission aux Indes, se confirma entièrement dans la volonté divine, et résolut de consacrer sa vie entière au salut de ses frères dans la ville de Rome, centre de la catholicité.

Peu de temps après, les disciples de Philippe s'étant multipliés, on dût se mettre en quête d'un plus vaste local pour pouvoir y tenir les réunions. Notre Saint s'adressa donc aux délégués de S. Jérôme-de-la-Charité, qui l'autorisèrent à bâtir une petite église, pouvant contenir ses auditeurs. Philippe donna à cette église l'humble nom *d'Oratoire*, parce qu'il la destinait spécialement aux exercices de l'oraison.

Dans cette nouvelle église, notre Saint organisa l'œuvre de ses pieuses réunions. On y priait en commun ; on y entendait des sermons et des conférences sur des sujets de piété. Dès ce moment Philippe ne voulut plus être seul à prêcher. Connaissant la vertu et la science de ses disciples, il leur fit, quoique laïques,annonçer la parole de Dieu. Ainsi parurent en chaire : François Tarugi, que Baronius appelle dans ses *Annales* « un Maître incomparable en éloquence » ; et César Baronius, qui devait immortaliser son nom dans ses admirables travaux sur les *Annales de l'Eglise*.— Le dimanche matin ces disciples venaient à St-Jérome pour entendre la Ste Messe. Puis, ils partaient de trois en trois dans les hôpitaux, y servir les malades et y remplir tous les offices de charité. Avant le départ, Philippe leur rappelait de surnaturaliser leurs actions, parce que Dieu récompenserait, comme fait à lui-même, tout ce qu'ils feraient pour ses pauvres infirmes. La veille de certaines fêtes, il les amenait chez les Dominicains assister à l'office du chœur. Quel sujet d'édification pour les fidèles, de voir ces jeunes gens, encore séculiers, mêler leurs voix à celles des Religieux, chanter avec eux les louanges divines, et préparer ainsi leurs âmes à recevoir le lendemain la visite de leur Dieu ?

L'établissement de ces pieux exercices produisait déjà les plus heureux résultats. Mais le cœur de Philippe, brûlant de charité pour le salut des âmes, n'était pas encore satisfait. Il songea à étendre, par de nouveaux moyens, son apostolat, et à lui donner une plus grande efficacité.

Préoccupé à la pensée du Carnaval, qui est un temps de réjouissance où se multiplient les occasions dangereuses, et où le démon fait surtout ses conquêtes, notre Saint résolut d'y apporter remède, en détournant le monde de ces pernicieux amusements. Il établit donc, à partir du jeudi-gras, la *visite solennelle aux sept Eglises* de Rome. Au commencement, comme toujours, peu de monde : ving-cinq ou trente personnes accompagnaient Philippe. Puis, le nombre s'accrut insensiblement ; au point, qu'on en compta, un jour, jusqu'à mille, de tout âge et de toute condition. En 1575, Grégoire XIII lui-même, se fit un honneur d'y assister ; et à sa suite venaient des cardinaux et des évêques, présents en ce moment à Rome.

Quand le jour, fixé pour la visite, était venu, on se divisait en groupes; et sous la conduite d'un Père de la Congrégation, on s'acheminait vers les églises désignées. Pendant le trajet, on jouait des airs pieux ; on chantait des psaumes et des cantiques. Aux chants succédaient des prières, de pieux entretiens sur Dieu et sur la religion. L'ordre, le recueillement, la modestie des visiteurs étaient admirables. Arrivés à S.-Sébastien, on célébrait la Messe avec chants et musique et la plupart y communiaient. Après la Messe, tous se réunissaient dans quelque lieu agréable, le plus souvent dans les jardins de Virginia-Massimi ou de la Crescenzia, et y prenaient le peu de nourriture que la charité commune y avait préparée. On mangeait en silence et en paix ; mais pendant le repas, on était réjoui par les chants et la musique. Ces pieuses courses prenaient toute la journée. A l'entrée de la nuit, chacun rentrait chez soi, le corps délassé, l'âme tranquille, heureux d'une journée si saintement passée, alors que tant d'autres perdaient leurs âmes dans l'oubli de Dieu et les amusements les plus coupables.

Cette œuvre était trop belle, trop sainte et trop utile, pour ne pas exciter la rage de l'enfer, et allumer la persécution contre Philippe. C'est ce qui arriva.

Des personnes jalouses et malveillantes, voyant avec peine le succès merveilleux de ces pieux exercices et toute la sympathie des fidèles pour notre Saint, suscitèrent une réelle tempête contre Philippe. Elles le faisaient passer pour un ambitieux, n'entraînant les foules à sa suite que par son désir effréné de la gloire ; pour un novateur, qui en faisant prêcher des séculiers dans l'église, semait les scandales et la zizanie. Et non contentes de répandre de telles calomnies parmi le peuple, elles allèrent jusqu'à le dénoncer au vicaire du Pape, le Cardinal de Spolète.

Ce prélat, déjà prévenu contre notre Saint, écouta ces fausses accusations, fit aussitôt appeler Philippe, et lui adressa de très-dures paroles, lui défendant de confesser pendant quinze jours, et le menaçant de la prison, s'il allait encore aux églises suivi par les foules. Notre Saint, quoique ému, accepta très-patiemment ces reproches ; mais fixant aussitôt ses regards sur un crucifix qui se trouvait devant lui : « Seigneur, dit-il, vous savez si ce que je fais, je le fais pour susciter l'hérésie ou pour vous servir ; et cela me suffit.... » Il n'en dit pas davantage, et sortit aussitôt. Il recommanda à ses disciples de garder le silence le plus discret, et de prier beaucoup pendant cette tempête. Puis, en observateur fidèle des ordres de ses Supérieurs, il défendit à ses disciples de le suivre. Ils obéirent, bien qu'ils ne pussent supporter d'être séparés de leur saint maître. On les voyait souvent dans les rues, l'attendre sur divers points ; et dès qu'ils l'apercevaient, lui envoyer un regard ami ; ou bien, quand il était passé, le suivre de loin.

Cette persécution ne dura pas longtemps. Il fut révélé à Philippe que le prélat, hostile à son Oratoire, mourrait dans quinze jours, s'il ne changeait pas les mauvaises dispositions de son esprit. Et cette révélation se réalisa à la lettre. Le délai n'était pas achevé, qu'on apprit la mort subite du Cardinal. Par ailleurs, notre Saint, cité devant un tribunal ecclésiastique, fut reconnu innocent de toutes les accusations. On lui permit alors de se livrer avec plus de liberté encore aux pieux exercices qu'il avait inaugurés pour la gloire de Dieu et le bien des âmes. Le Pape Paul IV, homme juste et de grande piété, regretta vivement ce qui avait été fait contre Philippe ; et en signe de haute bienveillance, il lui envoya deux cierges de sa Chapelle, lui faisant dire : « qu'il lui donnait pleine autorisation de continuer les exercices qu'il faisait avant leur suppression. Il lui exprimait le regret de ne pouvoir y assister lui-même en personne ; et se recommandait instamment à ses prières. »

L'heureuse issue de cette affaire combla de joie tous les amis de notre Saint. Ils en remercièrent Dieu par de ferventes actions de grâce. Quant à Philippe, son cœur déborda d'une profonde reconnaissance. Il ne songea plus qu'à se consacrer encore davantage aux obligations incessantes de son ministère apostolique.

Aux visites des Sept-Eglises, établies pour la sanctification des fidèles en général, Philippe ajouta *les réunions de Saint-Onuphre* pour la préservation des jeunes gens en particulier.

Au temps de Pâques, quand la douceur de l'atmosphère et la riante saison du printemps ajoutent encore aux charmes de la nature, Philippe réunissait ses jeunes gens et les conduisait en promenade sur le mont Saint-Onuphre. Là, devant le plus admi-

Saint Philippe conduisait les enfants et les jeunes gens en promenade,
et présidait lui-même à leurs récréations.

Mes enfants, soyez joyeux. — Je ne veux de vous qu'une chose,
que vous vous absteniez du péché. **(Paroles de Saint Philippe)**

rable panorama qui se puisse rêver, d'où l'œil embrasse Rome et la belle campagne, notre Saint réjouissait sa jeune troupe dans une réunion toute récréative. Assis à l'ombre des chênes, où, d'après la tradition, le *chantre de la Jérusalem délivrée* venait se promener et rêver tristement, Philippe donnait à leur piété juvénile un aliment joyeux et bien de leur âge. On chantait d'abord un cantique spirituel ; puis, un jeune enfant récitait avec grâce un petit sermon. Après cela, on jouait des airs et on chantait de nouveau ; suivait enfin quelque entretien spirituel fait par l'un des Pères, et puis encore de la musique. En somme, c'était une joyeuse et sainte réunion de famille, où les beautés de la nature et celles de la musique s'harmonisaient et se prêtaient un mutuel concours.

Pendant l'hiver et quand le temps y mettait obstacle, la réunion se faisait dans quelque église, à quelque distance de la ville. Qui pourrait dire le nombre de jeunes gens que ces réunions groupaient autour de Philippe, et le bien que produisaient les pieuses industries de son zèle ? Notre Saint voulait à tout prix éloigner les jeunes âmes des périls du monde et les conserver dans l'innocence et l'amour de Dieu. Et pour y réussir, il employait les moyens qui peuvent captiver la jeunesse ; la musique, la poésie, la déclamation, le séjour en ville et les beautés de la campagne lui servaient à merveille. Que ces jeunes gens eussent une vie pure et réglée, pleine de foi et agréable à Dieu ; il n'en demandait pas davantage.

Mais d'où vient cependant, que le cœur de Philippe, si compatissant pour les misères de tous les hommes, ne semble rechercher que les jeunes enfants ? D'où vient que les fatigues de son laborieux apostolat ne semblent avoir en vue que la sanctification de la jeunesse ? C'est que notre Saint poursuit pas à pas le développement logique du plan qu'il s'est tracé. Voulant réformer les mœurs corrompues de son temps, il commence par réformer la jeunesse, en jetant dans son âme les doux attraits de la vertu. Il sait par expérience que les réformes vraies et durables ne s'accomplissent que dans les jeunes cœurs, qui, par leur énergie, créent, dans la société, de nouvelles habitudes de vertu, et les transmettent aux futures générations. Il sait bien aussi que ces jeunes gens peuvent se laisser entraîner dans les égarements du monde, et que leur vertu peut sombrer, mais elle revient un jour à flot, et ne laisse pas de produire des fruits de salut.

C'est pour ces motifs que Philippe recherchait les jeunes gens, et qu'il leur était si dévoué. Il les voulait bons et vertueux ; et pour y parvenir, il ne leur marchandait ni son temps, ni sa peine. Il les aimait au point de ne pouvoir vivre sans leur société. Semblable à un père, uniquement heureux au milieu de ses enfants, il s'amusait avec eux, ne trouvant de repos que lorsqu'il avait gagné pleinement leurs cœurs. « Soyez joyeux et amusez-vous, leur disait-il sans cesse ; je ne veux rien de vous, sinon que vous ne fassiez pas de péchés. » Admirables paroles, bien dignes du cœur de notre saint ; et que les enfants ne devraient jamais oublier

CHAPITRE VI

Philippe fonde la Congrégation de l'Oratoire.

La sainteté de Philippe se manifestait tous les jours davantage. Elle apparaissait dans toutes ses actions,et lui attirait la vénération universelle. C'est ce qui poussa les Florentins de Rome à lui demander de vouloir se charger du gouvernement de leur Eglise de Saint-Jean. Notre Saint refusa, alléguant la nécessité absolue de l'autorisation du Pape. On s'adressa donc à Pie IV ; et celui-ci accueillit favorablement la requête. Devant la volonté du ciel, exprimée par l'acceptation pontificale, Philippe se rendit ; à condition toutefois de ne pas quitter Saint-

Jérôme, où il trouvait pour son âme mille occasions d'exercer la patience et de pratiquer la plus admirable charité.

Il y avait en effet, dans cette maison, deux pauvres moines apostats, de mœurs dépravées et de manières très-insolentes. Ils s'étaient donnés la triste mission de tourner en dérision notre Saint, de l'accabler d'injures à tout moment, faisant même naître l'occasion de pouvoir le mortifier. Philippe supportait tout cela sans se plaindre, priait de toute son âme pour ses persécuteurs, et ne s'en vengeait qu'en les comblant de ses bienfaits et de ses services. Convaincu que Dieu ne permettait cette persécution que pour le plus grand bien de son âme, il ne fit rien pour la faire cesser. Mais redoublant de prières et de patience, il finit par désarmer ses détracteurs, qui, touchés d'une si haute vertu, se convertirent, et devinrent les meilleurs panégyristes de sa sainteté.

Philippe ayant donc accepté l'Eglise de Saint-Jean, commença à y organiser un service régulier, en y envoyant certains de ses disciples, qu'il fit ordonner prêtres : César

Baronius, qui devint plus tard cardinal ; François Bordini qui fut archevêque d'Avignon, et Alexandre Fédéli. Il leur adjoignit bientôt après : François-Marie Tarugi, plus tard cardinal ; Ange Velli, qui gouverna la Congrégation après notre Saint ; Germanique Fédéli et Octave Paravicini, élève de Baronius, qui devint aussi cardinal. En les envoyant demeurer à Saint-Jean, Philippe voulut qu'ils y menassent une vie de communauté. Il leur donna donc quelques règles qui furent observées avec exactitude et grande joie. Ils avaient une table commune, chacun y servait à son tour. Chaque semaine, ils préparaient le dîner à tour de rôle. L'office de cuisinier revenait à Baronius plus souvent qu'aux autres. C'est pour cela sans doute, que sa profonde humilité lui fit écrire sur le manteau de la cheminée ses titres de recommandation à la postérité : *Baronius coquus perpetuus* — *Baronius cuisinier perpétuel*. Pendant le dîner, l'un d'eux faisait la lecture de l'Ecriture-Sainte ; à la fin de laquelle on proposait de résoudre un cas de morale ou d'Ecriture-Sainte. Quant au service de l'Eglise, ils l'assuraient, en se tenant toujours à la disposition des fidèles qui désiraient se confesser. Ils chantaient la messe et les Vêpres tous les dimanches et jours de fêtes ; et adressaient au peuple la parole de Dieu. Pendant dix ans, ils continuèrent ces saints exercices, ne sortant de leur maison et de l'église de Saint-Jean que pour aller à Saint-Jérôme se confesser à Philippe, assister aux sermons de l'Oratoire ou les y donner, selon qu'ils en avaient reçu l'ordre.

Tels furent les débuts de la Congrégation de l'Oratoire fondée par Philippe de Néri. Elle s'accrut bien vite, et ne tarda pas à recevoir dans son sein de nombreux enfants: nommons entre tous, le Bienheureux Jean-Juvénal Ancina, célèbre professeur de médecine, plus tard évêque de Saluces, et que notre glorieux pontife Léon XIII a placé sur les autels le 2 Février 1890.

Le moment était venu pour Philippe de donner à sa Congrégation une forme définitive. Il l'avait fait en quelque sorte, en perfectionnant la vie de ses prêtres par quelques règlements généraux. Mais faire davantage répugnait tant à sa profonde humilité, qu'il ne pouvait se résoudre à paraître fondateur d'une congrégation de prêtres ! Et cependant la pensée de mettre la dernière main à l'organisation de son Institut lui revenait sans cesse à l'esprit, depuis surtout qu'il s'était retiré à Saint-Jérôme. Il voyait bien, dans ses disciples, un groupe de prêtres modèles, pétris de science et de piété, uniquement préoccupés de leur perfection et du salut des âmes ! Il considérait aussi les œuvres qu'ils accomplissaient à Saint-Jean, devant un concours de jour en jour plus grand de toutes les classes de la société, et les fruits qui en résulteraient pour la plus grande gloire de Dieu ! Il prévoyait de même le bien que ferait l'Institut en procurant la réforme morale et religieuse du clergé, qui verrait la possibilité de vivre saintement en communauté, sans les rigueurs et les privations du cloître, et en fournissant au peuple d'excellents prêtres pour les pousser dans les voies de la perfection. Cependant Philippe reculait toujours. Ce ne fut qu'après beaucoup d'hésitations et de prières, qu'il finit par triompher de ses répugnances, en cédant aux raisons d'un grand nombre de ses amis.

Un disciple de notre Saint, oubliant les témoignages d'affection qu'il en avait reçus, osa répandre de telles calomnies contre Philippe et sa Communauté, que les Florentins hommes crédules à l'excés ! voulurent les renvoyer de la maison et de l'Eglise de Saint-Jean. La tempête fut très-violente, et faillit renverser l'œuvre établie par notre Saint. Il comprit dès lors tout ce qu'il y avait d'inconvénients pour l'Oratoire d'habiter un local et une Eglise ne lui appartenant pas. Aussi, dès que le calme fut revenu, il ne songea qu'à trouver une maison et une église, pour y établir définitivement sa Congrégation et la faire approuver canoniquement par le Pape. Deux églises lui furent aussitôt offertes ; mais il fixa son choix sur celle de Sainte-Marie-en-Vallicelle, parce que désignée par Grégoire XIII, elle lui semblait indiquée par le ciel.

Cette église, très-ancienne, tombait en ruine ; elle devint donc l'objet de sa sollicitude. Valait-il mieux la restaurer ou la démolir, pour en construire une nouvelle ? On chargea Mathieu de Castello, un des plus célèbres architectes de son temps, d'examiner toutes choses. On s'en rapportait à sa décision. La démolition du vieil édifice fut décidée ; et Philippe, sans autre appui que sa confiance dans la Providence, ordonna de commencer les travaux. De plus, Baronius rapporte que les plans et les dimensions de la nouvelle église avaient de telles proportions, que notre Saint n'osa pas les montrer à ses Pères, de crainte de se heurter à une opposition de leur part.

Mais quelque grands et somptueux que fussent les plans de l'architecte, ceux de Philippe ne l'étaient pas moins. Car, en arrivant sur le terrain au moment où l'on traçait les fondations, il fit prolonger d'une triple longueur, ayant connu, par révélation, qu'il ne devait pas hésiter à les pousser jusque là. L'architecte obéit ; et les ouvriers se mirent à ouvrir la tranchée. Mais, ô surprise ! on découvrit immédiatement un vieux mur de dix empans de largeur, plus long que l'Eglise projetée, sur lequel on put construire tout le côté de l'Evangile. On trouva encore de solides matériaux pour l'édification d'une bonne partie des murs.

La première pierre fut posée solennellement le 17 septembre 1575, par un intime ami de notre Saint, Alexandre de Médicis, alors Archevêque de Florence, qui devint plus tard le pape Léon XI. La Providence, dès ce moment, ne cessa pas de se manifester, en envoyant à Philippe les secours nécessaires pour la construction de son Eglise. S. Charles Borromée lui donna 200 écus ; peu après, le Pape Grégoire XIII, en envoya 8000. Pareille somme fut léguée par le Cardinal Cési. Le Cardinal Frédéric Borromée donna 4000 écus. Ange Cési, frère du Cardinal, et évêque de Tadi, dépensa 36000 écus pour la splendide façade de l'église, en sus de ce qu'il donna pour la chapelle de la Présentation. Tout le monde voulut fournir sa contribution. A l'offrande des riches vint s'ajouter l'obole des pauvres, tout aussi agréable à Dieu que la première, parce qu'elle était l'hommage éclatant de leur piété et de leur amour.

Malgré cela, il y eut des heures difficiles pour le cœur de notre Saint, les fonds venant à manquer, la suite des travaux ne laissait pas d'inspirer de sérieuses inquiétudes à son entourage. Quant à lui, il avait une si entière confiance en Dieu, qu'il ne se décourageait jamais. « Que voulez-vous ? disait-il toujours, Dieu m'aidera. » Et sans retard, les secours lui arrivaient d'une façon extraordinaire, souvent bien supérieurs aux besoins de l'heure présente.

D'ailleurs, comment aurait-il eu la moindre hésitation devant les faits merveilleux qui accompagnaient la construction de son Eglise ? Il ne restait plus de l'ancien édifice qu'une petite chapelle où l'on conservait le Très-Saint-Sacrement, et où l'on vénérait une pieuse image de la Madone, qui surmonte aujourd'hui encore le Maître-Autel. Un matin, dès la première heure, notre Saint accourt sur le chantier, et ordonne, en toute hâte, de démolir le toit de cette chapelle. « J'ai vu, dit-il, la nuit dernière, la Mère de Dieu soutenir elle-même ce toit, qui allait s'écrouler. » On obéit, et l'on trouva en effet, la poutre qui le supportait, se soutenir comme en l'air, au-dessus de l'image vénérée ; et tous purent constater le prodige.

Au bout de deux ans, une partie de l'Eglise put être livrée au culte ; et on l'inaugura par des fêtes splendides, le 3 Février 1557. Le concours fut immense de la part des romains, parce que le Pape avait accordé une indulgence plénière à quiconque la visiterait ce jour-là : et tous étaient ravis de contempler la beauté et la richesse de cette architecture, qui pouvait rivaliser avec les plus belles basiliques de Rome. Au mois d'Avril, on y établit les exercices quotidiens de l'Oratoire ; ce qui accrut encore le renom de l'Institut. Le succès fut complet; et l'on en eut la preuve dans le grand nombre de jeunes gens qui demandèrent à faire partie de la Congrégation. Le P. Gallonio rapporte qu'à cette époque, la maison prospérait d'une façon merveilleuse ; on y comptait jusqu'à 130 sujets ; témoignage manifeste des bénédictions de Dieu sur l'Institut, qui avait été approuvé canoniquement par Grégoire XIII, deux ans auparavant, le 15 juillet 1575.

Quant à Philippe, encore plus avide de vie humble et cachée, il habitait toujours sa chambrette de Saint-Jérôme, ne pouvant se résoudre à paraître le fondateur d'une nouvelle Congrégation. Il fallut, pour l'y faire renoncer, que le Pape lui enjoignit d'aller habiter avec ses fils. Notre saint obéit simplement; et le 22 Novembre 1583, il transféra son domicile à la Vallicelle ; mais afin de tirer parti de tout ce qui pouvait servir à sa sanctification et à celle de ses disciples, il lui parut bon de s'humilier extraordinairement. Avec plusieurs de ses Pères, il s'achemina en procession vers la Vallicelle, chacun emportant quelque pauvre ustensile du maigre mobilier de notre Saint. Ce qui provoqua les sourires et la plaisanterie de ceux qui ne connaissaient pas l'esprit de Philippe. Pour lui, ayant trouvé l'occasion de se mortifier et de mortifier ses fils, il était heureux, et ne demandait pas autre chose.

Installé à la Vallicelle, notre Saint ne renonça pas pour cela à ses goûts de solitude. Il choisit une cellule dans l'endroit le plus retiré et le plus élevé de la maison, afin de s'appliquer plus facilement à l'amour et à la contemplation des choses divines. Il gouvernait, de là, la Congrégation, avec une merveilleuse charité, rendant plus léger à ses fils, le joug plein de douceur qu'ils s'étaient imposés par amour de Notre-Seigneur Jésus-Christ. On l'élut Supérieur de l'Institut, mais pour trois ans seulement, selon ses désirs. Usage que l'on maintint dans la suite. Philippe était pour eux un père ; et tous étaient heureux d'obéir à ses ordres et à ses désirs.

Cependant, comme la Congrégation était encore à ses débuts, et qu'il était nécessaire que le fondateur lui-même la gouvernât, pour la pénétrer de sa direction et de son esprit, les Pères le nommèrent Supérieur perpétuel, le 19 juin 1587. Philipe dut faire une violence extrême à son humilité. Il ne céda qu'aux incessantes supplications de tous, et pour le bien de l'Institut. Mais il profita de cette occasion, pour bien exprimer sa pensée sur le concept et la forme de sa Congrégation, en déclarant : que l'ayant uniquement fondée pour le clergé, ses fils devaient se considérer comme des prêtres et des clercs séculiers vivant de vie religieuse, sans vœux, ni promesses d'aucune sorte, mais unis seulement entre eux par les liens les plus doux de la charité ; ils ne devaient avoir en vue que leur sanctification et celle du prochain, et arriver à cette sanctification par l'oraison quotidienne, l'administration des sacrements et la prédication. Il leur fit remarquer, qu'en établissant cet Institut dans l'Eglise de Dieu, il n'avait jamais eu l'intention decréer un nouvel Ordre religieux, mais seulement une Congrégation, en rapport avec les besoins du temps, sans austérités de vie, ni l'entier renoncement aux biens temporels. Ce genre de vie devait donc, par la douceur de la discipline, pouvoir s'adapter à tous les tempéraments et à toutes les conditions des personnes qui demanderaient à en faire partie. Il devait conduire les âmes par un chemin joyeux jusqu'aux portes du paradis, tout en étant un continuel exemple d'édification pour le prochain.

Ces sages instructions, mises en pratique sous le gouvernement de notre Saint, furent écrites 17 ans après sa mort, par le P. Pierre Consolino, le confident intime des pensées de Philippe, « *le disciple que Philippe aimait.* » La Congrégation les approuva en entier ; et Paul V, les sanctionna de son autorité apostolique le 24 Février, par la Bulle *Christi fidelium.*

CHAPITRE VII

Philippe maître de vie spirituelle

L'ascétisme chrétien fournit aux âmes les moyens pratiques d'avancer tous les jours dans la perfection, en plaçant sous leurs yeux, pour les faire reproduire en elles, les préceptes et les exemples de notre divin Maître et modèle, Notre-Seigneur Jésus-Christ. Philippe avait reçu à un rare degré le don de diriger les âmes ; et par des principes de spiritualité, mieux adaptés aux tendances des temps modernes, il les unissait intimement à Dieu, et les élevait aux plus sublimes vertus.

Tout embrasé de l'amour divin, son cœur

naturellement imprégné d'une immense tendresse ne pouvait considérer les misères humaines,sans en être ému,et éprouver aussitôt le besoin de les soulager. Rien ne lui coûtait pour cela. Il employait tous les moyens; mais surtout la douceur, la tendresse, la compassion, et réussissait à merveille. Et non content d'en donner le continuel exemple dans toutes ses actions, il ne cessait de les prêcher et de les recommander dans ses discours. Ainsi tranchant avec les procédés rigides de l'époque, Philippe proclamait une doctrine et des principes en opposition ouverte avec la sévérité d'alors ; il apparaissait maître d'un ascétisme extrinsèquement nouveau, tout fait à l'extérieur de douceur et de tendresse, mais dont le but à atteindre, par les efforts que demandaient cette douceur et cette tendresse dépensées à l'égard du prochain, n'était que la mortification de l'homme intérieur. Tel est le principe fondamental de son école, qui devait enfanter des prodiges de vertu et conduire les âmes, par des moyens extérieurement plus doux, au degré de perfection qu'avaient atteint les saints les plus rigides du moyen âge.

L'orgueil, en effet, porte les hommes à s'attacher à leur propre jugement et à toutes les inclinations de leurs cœurs. Et cet attachement est tel, qu'ils renonceront à toutes choses plutôt qu'à eux-mêmes. Et comme Philippe voulait à tout prix détruire cet orgueil, source de tous les péchés et de tous les maux, il ne cessait de mortifier le jugement et la volonté, siéges de l'orgueil, pour former l'homme intérieur. Et comme moyen infaillible, il employait les mortifications, dont il fait la base de son système ascétique. « Mes fils, leur disait-il souvent, toute l'importance de la vie chrétienne consiste à mortifier la présomption de l'intellect. » — D'autres fois, voulant enseigner qu'il faut mortifier l'orgueil de la pensée, il touchait le front, en disant ; « La sainteté de l'homme est là, dans l'espace de trois doigts. » — « Mesfils, humiliez l'esprit, soumettez le jugement » — « Appliquez vous à vous vaincre dans les petites choses, si vous voulez vous vaincre dans les grandes », et rappelez-vous

« que celui qui ne peut se résoudre à accepter la perte de l'honneur et de l'estime pour Jésus-Christ, ne fera jamais des progrés dans les choses de l'âme. » Enfin pour bien leur faire comprendre ce que devait être un vrai philippin, comme toute âme appelée à faire partie de l'Oratoire, il précisait et exprimait ainsi sa pensée : « C'est le propre de chacun des nôtres d'aimer à n'être pas connu, et à passer pour rien. »

En considérant les principes ascétiques de notre Saint, on ne s'étonnera plus des moyens, souvent étranges, dont il usait pour mortifier ses fils spirituels. Ainsi, tel qui lui demandait un jour la permission de jeûner, recevait l'ordre de faire l'aumône, tel autre devait mendier à la porte d'une église, à celui-ci il faisait baiser la terre, à celui-là il ordonnait de demander publiquement pardon. Ces moyens, qui peuvent nous paraître extraordinaires, n'étaient après tout que de saintes industries, employées par notre Saint, et produisaient des résultats merveilleux. Ceux qui les suivirent, devinrent des prodiges de mortification spirituelle et furent des modèles d'humilité et d'obéissance.

Cette base de renoncement, une fois établie dans l'âme, et jugée par Philippe comme le point le plus important, ne l'empêchait pas de recommander à ses fils la mortification corporelle, quand les circontances le demandaient. Il ne savait que trop, combien la chair est ennemie de l'homme, et combien il faut de générosité et de combats continuels pour l'assujétir à la loi de l'esprit, et ne jamais permettre que la raison devienne l'esclave des sens.

Les saints des âges précédents s'étaient livrés, il est vrai, à des pénitences et à des mortications plus austères. A cette époque, elles correspondaient parfaitement aux maux et aux besoins de ce temps, où la concupiscence de la chair faisait les plus grands ravages dans la société. Mais au XVIe siècle, siècle d'orgueil, s'il en fut, où le protestantisme, en favorisant l'émancipation de l'intelligence, introduisait, dans la société, la raison personnelle et indépendante comme unique règle de foi et des mœurs, il était nécessaire de trouver et d'appliquer un système salutaire qui apprit aux hommes à combattre un si grand mal, en leur faisant pratiquer l'humilité, l'obéissance, le renoncement et la soumission de l'esprit.

Philippe y réussit par son système ascétique. Il attaqua le mal à la racine. Il combattit le jugement propre par la mortification de la volonté ; et il le fit avec ce tempérament de suavité et de bonté qui lui était naturel. Sa direction, toute de suave charité, renouvela la société, et produisit des fruits merveilleux dans tous ceux qui eurent le bonheur de la suivre. Elle se transmit de génération en génération ; et remplaçant les systèmes rigides des âges précédents, elle devint la règle de conduite de presque tous les directeurs spirituels ; il n'y eut presque plus dans l'Eglise, d'autre système ascétique, que celui de notre Saint.

Si, en venant aux détails, nous examinons à présent les principes de notre Maître spirituel, nous verrons les conseils ordinaires qu'il donnait à ses pénitents. « N'obligez jamais votre confesseur, leur disait-il, à vous permettre de faire ce à quoi vous vous sentez incliné. » Il voulait que les disciplines et les pénitences corporelles fussent toujours conseillées par le confesseur ; sinon, elles détruisent la santé, et sont des sources de vanité et d'orgueil. Il leur recommandait aussi de ne jamais faire de vœux, sans avoir auparavant pris conseil de leur confesseur. Il n'approuvait pas facilement qu'ils changeassent d'état de vie ; il leur conseillait au contraire de persévérer dans celui où Dieu les avait placés, si du moins ils pouvaient le faire sans pécher. « Pour passer, disait-il, d'un état mauvais à un état bon, il n'est pas nécessaire de prendre conseil. Mais pour passer d'un état bon à un état meilleur, il faut trois choses : le temps, les conseils et la prière. » Quant aux femmes, il leur recommandait d'être fidèles à leurs dévoirs de famille ; et pour cela, d'aimer beaucoup leur intérieur. Il n'était pas d'avis qu'elles sortissent de chez elles sans une réelle nécessité.

Ces conseils, en harmonie avec les besoins de l'époque, Philippe les faisait passer dans le cœur de ses pénitents avec une onction et une bonté incomparables. Attirés par cette tendre charité, éclairés par les splendeurs de la lumière divine, guidés par la sagesse d'un ascétisme si admirable, beaucoup quittèrent la vie sensuelle qu'ils menaient, s'élevèrent à un très haut degré de vertu, bénissant continuellement le ciel, du jour et du moment où ils avaient connu notre saint patriarche.

CHAPITRE VIII

Philippe modèle de vie parfaite

La perfection chrétienne consiste dans l'union de l'âme à Dieu par la charité ou amour. Et plus l'union est intime, plus la perfection est grande, parce que la charité, en dégageant l'âme des choses créées dont elle ne fait qu'un légitime usage, l'applique uniquement à Dieu et aux choses de Dieu.— Le cœur des saints ne soupirait qu'après la réalisation de cette union, qui leur faisait goûter dès ici-bas les délices du paradis. Et pour y parvenir, que d'efforts constants et journaliers ? Les souffrances et les travaux les plus pénibles leur paraissaient peu de chose à côté de ce trésor à acquérir ! Et une fois qu'ils l'avaient en leur possession, quelles précautions ne prenaient-ils pas ?

avec quel soin jaloux ne le cachaient-ils pas aux yeux des hommes, de crainte de se le voir ravir ou diminuer ?

Tel se montre à nous notre bien-aimé Philippe. Son âme était arrivée, par de continuels efforts et des sacrifices souvent bien pénibles pour la nature, à une union intime avec son Dieu ; sa vie n'était plus qu'une série d'actes d'amour à l'égard de Dieu et du prochain. Et comme il s'appliquait à le cacher aux yeux du monde ! Il s'efforçait de le dissimuler, voulant à tout prix paraître méprisable, et jouant souvent pour mieux réussir, le rôle d'un insensé. Mais le monde ne se s'y trompait guère, il lui suffisait de l'approcher ou de le suivre quelques instants pour s'apercevoir que son âme était intimement unie à Dieu, et la charité qui la dévorait se manifestait au-dehors sans qu'il s'en aperçut. Son cœur de plus en plus vide de lui-même et rempli de l'amour divin, ne soupirait qu'après son Dieu et le moment de le contempler dans dans la céleste patrie. Aussi, de sa bouche sortait souvent, comme l'explosion de ses saints désirs, l'ardent souhait de S. Paul : « Je désire ma dissolution, pour être uni à Jésus-Christ ! ».

Et comme la dévotion découle de la charité, et est en proportion directe de cette charité, la dévotion de Philippe était très-vive, parce que sa charité était ardente. Elle s'adressait à Notre-Seigneur au Saint-Sacrement ; et se manifestait par les désirs impatients qu'il avait de le recevoir et la douce allégresse qui inondait son âme dès qu'il l'avait reçu. Sa dévotion était tout aussi vive pour la passion et la mort de notre divin Sauveur, et le Crucifix, qu'il avait continuellement sous ses yeux, était l'heureux témoin des manifestations de sa tendresse comme aussi des larmes de sa compassion.

Philippe aimait trop Jésus pour ne pas aimer son Auguste Mère ; il en parlait sans cesse, il la portait dans son cœur. « Aimez Marie, disait-il dans ses prédications ; elle est après Dieu l'objet le plus aimable ; donnez-lui votre confiance, elle est la distributrice de tous les dons du ciel. » Pour lui témoigner son amour, il épuisait toutes les formules de la tendresse, jusqu'à l'appeler de ce nom caressant que donnent à leurs mères les petits enfants : Mama mia, sa maman. Son invocation favorite était la suivante : « Vierge Marie, mère de Dieu, priez Jésus pour moi. » — « O Vierge et mère ! » — « Ces paroles sont courtes, disait-il, mais elles renferment ce qu'il y a de plus honorable pour cette grande Reine ; c'est pourquoi elle ne peut manquer d'en être flattée. » Plein de vénération pour toutes ses images, il avait une confiance sans bornes en son intercession, et mettait son zéle à propager son culte qu'il recommandait sans cesse à ses disciples. « Mes fils, leur disait-il, soyez dévots à la Madone ; soyez affectionnés à Marie. » Il passait des nuits entières dans les plus doux entretiens avec Elle. Cette dévotion à Marie lui valut plusieurs apparitions de cette tendre Mère. Dans l'une, entre autres, elle le guérit d'une maladie très-grave.

Sa dévotion à la Ste Vierge ne lui faisait pas oublier la vénération qu'il devait aux

Bienheureux et aux Saints. Il les honorait de tout son cœur, admirant en eux les effets merveilleux de la grâce, qui les avait conduits à une si sublime perfection, et il recherchait dans la lecture quotidienne de leurs vies, les moyens de combattre les mêmes difficultés et de parvenir à la même vertu.

Philippe savait par expérience combien est efficace la méditation pour arriver facilement jusqu'au trône de Dieu. Aussi y passait-il des journées entières. C'était l'atmosphère où son âme respirait à son aise. Retiré dans la partie la plus élevée de la maison, d'où ses yeux pouvait contempler le ciel et la campagne, il lui suffisait de ce spectacle pour sentir son âme s'abîmer dans les délices de l'oraison devant les merveilles de Dieu. De plus, comme sa dévotion découlait d'un amour pur et désintéressé, elle ne souffrait ni trouble, ni diminution, quand un motif de charité lui faisait quitter sa cellule pour accourir près du prochain. Il aimait à redire alors, que c'était « quitter Dieu pour Dieu. »

Les vertus de notre Saint ne seraient guère parfaites, si elles ne reposaient pas sur l'humilité. Philippe était si humble qu'il se croyait le plus grand des pécheurs. « Je suis le plus criminel des hommes » répétait-il souvent ; et convaincu de sa malice, loin de se troubler à la vue des fautes d'autrui : « ah ! , disait-il, Dieu veuille que je n'ai jamais fait pire ! » — « Mon Dieu, gardez-vous de moi, sinon je vous trahirai. » Lorsqu'il considérait le cœur de Jésus transpercé par la lance : « Cette plaie est bien grande, s'écriait-il ; cependant, si Dieu ne m'avait pas retenu, je l'aurais faite plus grande encore. » — « Je le confesse Seigneur, je ne suis bon que pour faire le mal. » Dans une de ses maladies, on lui entendait faire cette promesse : « Si Dieu m'accorde la santé, je veux changer de vie et commencer à faire le bien. » Puis, il disait à des jeunes gens : « Que vous êtes heureux d'être jeunes pour pouvoir faire le bien ! moi je ne l'ai jamais fait ! » Un jour rencontrant des religieux : « Oh ! que vous êtes heureux, leur disait-il, d'avoir

Croyant attirer sur lui les moqueries des passants, saint Philippe accepte de boire au petit tonneau que portait saint Félix de Cantalice.

quitté le monde ; moi, je ne l'ai jamais quitté. » — « Que de fois j'ai promis à Dieu de changer de vie ; et je n'ai jamais tenu parole. »

Tels étaient les vrais sentiments que Philippe avait de lui-même ; telle était son humilité. Et comme il n'aspirait qu'à détruire toute bonne opinion qu'on aurait pu avoir de lui, il faisait l'inimaginable pour éviter toute estime et toute louange de la part des hommes. « Vous savez, déclarait-il un jour à Baronius, que j'ai la plus vive peine d'être estimé. Je prie Dieu continuellement de ne rien faire par mon entremise, qui puisse m'attirer les louanges, des hommes ou me faire passer pour ce que je ne suis pas. Croyez-le ; s'il m'est arrivé de faire quelque chose avec des vues surnaturelles, je le dois à la foi des autres, et non à mes vertus ou à mes mérites. » Et tel était son désir de paraître méprisable aux yeux de tous, qu'il poussait les choses, jusqu'à sauter comme un insensé sur les places publiques, jusqu'à boire en pleine rue, à un petit baril que portait Saint Jean de Cantalice, à lire des recueils de fables en présence des envoyés du Pape, à s'habiller d'une manière extravagante; et toujours, pour s'attirer les mépris, pour servir d'objet à la raillerie, et avoir ainsi l'occasion de pratiquer l'humilité.

Ayant reçu du ciel le privilège d'une pureté virginale; mais sachant aussi que l'homme porte ce trésor dans un vase d'argile, Philippe se mortifiait dans la nourriture, le sommeil, et tout ce qui pouvait flatter son corps. Il était d'une extrême sobriété, et Baronius ne craint pas d'affirmer qu'il jeûna tous les jours de sa vie. Il n'accordait au sommeil que le temps nécessaire, et passait en prières le reste de la nuit. Ses habits étaient très propres, mais d'une grande pauvreté. Il traitait enfin son corps virginal, en véritable criminel, et l'âge ou la maladie ne lui firent jamais diminuer ses rigueurs; il aimait à répéter : « le Paradis n'est pas fait pour les paresseux. » Il conserva ainsi la beauté virginale de la pureté que l'on compara avec raison à celle des anges. Elle rayonnait sur toute sa personne, et se reflétait dans la ravissante expression de son regard.

Et que dire de sa charité à l'égard du prochain ? Elle possédait tout son cœur, et cherchait à s'épancher au dehors en toute occasion, sous toutes les formes. Sa préoccupation constante c'était les âmes et leur salut. Pour cela, il était toujours prêt à se rendre partout où on le demandait, ne faisant attention ni au froid, ni à la chaleur, ni à la distance, rendant tous les services possibles, dès qu'il fallait secourir le prochain, sauver une âme ou la sortir de l'occasion du péché. Et alors, non content d'apporter dans cette âme la consolation et la paix, il poussait la charité jusqu'à se charger d'expier à sa place; et il le faisait par les larmes et les pénitences, autant que le demandait la justice de Dieu.

Cette charité, Philippe l'exerçait non seulement à l'égard des âmes, mais il l'étendait encore à tous les besoins qu'éprouvait le prochain. Quand on l'appelait auprès d'un malade, il s'appliquait d'abord à mettre son âme en paix avec Dieu; puis, il recherchait tout ce qui pouvait procurer le rétablissement de sa santé. Quand la pauvreté y mettait obstacle, et qu'on n'avait pas de ressources, il prenait à sa charge les frais du médecin, fournissant même les remèdes nécessaires. Non content de porter secours aux misères qu'on lui découvrait, il allait au-devant d'elles ; se mettant en quête des nécessités les plus pressantes, et ne se donnant pas du repos qu'il ne les eut soulagées. Il recherchait les pauvres avec la même sollicitude qu'un père cherche ses enfants ; et combien le virent ainsi venir au secours de leur indigence, qu'ils ne croyaient connue que de Dieu seul ! Qui pourra jamais dire les orphelins et les enfants abandonnés qu'il recueillit comme ses propres enfants ? les jeunes personnes sans fortune, dont il préserva l'innocence, les dotant pour les établir ou les faire entrer en religion, les ouvriers sans travail à qui il procura le pain de chaque jour, les malheureux injustement persécutés dont il fit prévaloir l'innocence, les prisonniers enfin qu'il allait consoler et encourager sans cesse, dont il se montra l'intrépide avocat devant les tribunaux et jusque devant le Souverain-Pontife ?

Philippe apportait en tout cela tant de tact

et de délicatesse qu'on ne pouvait être blessé du mode de charité dont il s'était servi. Quand un cœur affligé venait à lui, notre Saint l'accueillait avec grande affection, et savait imprégner ses paroles d'une si douce onction, que s'il ne remédiait pas à la nécessité présente, du moins il diminuait considérablement la peine morale, compagne inséparable du malheur. Oui, toutes les paroles de Philippe, pénétrées de la plus grande charité, portaient la paix dans les âmes, en adoucissaient les peines, en calmaient les douleurs ! Aussi sa petite cellule, qu'il appelait *son Paradis*, était-elle le rendez-vous de tous les cœurs blessés, de toutes les infortunes ? Cardinaux et prélats, riches et pauvres, hommes et femmes venaient y épancher leurs âmes, refaire leurs forces spirituelles, dilater leur cœur accablé sous le poids des chagrins, l'entendre parler de la bonté de Dieu, des misères de cette vie, et du bonheur que Dieu réserve dans le ciel, à ceux qui auront su pratiquer vaillamment la vertu.

CHAPITRE IX

Dons extraordinaires accordés à Philippe.

Quand Dieu choisit une âme pour une mission ici-bas, il lui communique les dons nécessaires à l'accomplissement de son dessein. — Dieu, qui avait choisi Philippe pour être un maître consommé dans la direction des âmes, lui accorda les dons surnaturels qui devaient lui faciliter sa mission. Il avait, à l'état permanent, le don de sonder les plis les plus reculés de la conscience, de connaître les choses les plus cachées, et d'amener ainsi les âmes à la pratique de la vertu. Il connaissait les péchés et les vertus de ses pénitents, leurs pensées les plus secrètes, avant qu'ils se fussent confessés. Venaient-ils à les oublier ? Il les leur rappelait, les avertissant des tentations passées et de celles qu'ils auraient à l'avenir, et leur indiquant les moyens d'y apporter remède. Il les délivrait des scrupules et des tentations, en posant simplement sa main sur leur tête. — S'agissait-il de fixer un état de vie ? Tous ceux qui allaient le trouver recevaient une décision certaine, et étaient sûrs, en la suivant, de faire la volonté de Dieu.

Ce don de discernement lui fit ainsi connaître, que Dieu voulait Camille de Lellis, Ministre des infirmes et non pas Capucin, comme Camille l'eut désiré; et la suite des événements fit bien voir que notre Saint avait été réellement inspiré du ciel en lui donnant cette décision. Quand Grégoire XIII voulut savoir quel était l'esprit qui dirigeait Ursule Benincasa, jeune Napolitaine favorisée de très fréquentes extases et dont le renom de sainteté était arrivé jusqu'à ses oreilles, il en confia le soin très délicat à Philippe. Celui-ci la soumit aux plus rudes épreuves durant plusieurs mois. Mais convaincu, que l'esprit de Dieu était en elle et dirigeait toutes ses actions, il en rendit compte au Souverain Pontife ; et la vertu d'Ursule vint confirmer le jugement qu'avait porté notre Saint.

Le pouvoir extraordinaire que Philippe exerçait sur les âmes, il l'avait également sur les corps, sur les maladies, sur la vie et même sur la mort. Les faits suivants en seront la meilleure preuve.

Segismonde Capozucchi, atteint d'une fièvre quarte depuis plus de 5 mois, en était réduit à la dernière extrémité. Philippe mandé par la famille, accourt près du lit du malade, le rassure ; et en prononçant ces paroles : « fièvre quarte, je t'ordonne de quitter cette créature de Dieu, » la fièvre obéit et laissa le moribond en pleine santé. — Une autre fois, c'était un perclus, qui ne pouvait pas même se tenir sur son séant. Il le guérissait instantanément par ces simples paroles : « Ambroise, levez-vous ? » — Le fait suivant mérite une mention spéciale. Philippe avait ordonné à Antonia Raidi, de ne jamais être malade sans sa permission. Aussi dès qu'elle se sentait indisposée, elle recourait à notre Saint en lui disant : Me permettez-vous d'être malade ? — Et chose extraordinaire ! si Philippe le lui défendait, l'indisposition s'arrêtait aussitôt. Et ce fait se produisit non pas une fois, mais plusieurs, et fut contrôlé par des témoignages irrécusables. Enfin, Dieu lui avait donné un pouvoir si étendu sur les âmes et sur les corps, qu'il l'exerçait à n'importe quelle distance, comme l'attestent les documents du procès de sa canonisation.

Un jour se mourait à Rome à l'âge de 14 ans, un fils du prince Fabrice Massimo. Philippe, très-lié avec la famille, confessait cet enfant, et le chérissait tendrement à cause de son innocence. Or, il tomba gravement malade ; et le mal faisant de rapides progrès, on envoya, en toute hâte, chercher notre Saint qui disait la Sainte Messe, et qui n'arriva qu'une demi-heure après la mort de l'enfant. Philippe en entrant dans la maison, y fut reçu par le père, qui, fondant en larmes ne put l'aborder que par ces mots : « Paul est mort ! » — Notre Saint en fut ému jusqu'au fond de l'âme; mais allant droit à la chambre de l'enfant, il se prosterna près du lit, y pria un quart d'heure avec une très-grande ferveur. Puis, prenant de l'eau bénite, il l'en aspergea, en mit quelques gouttes dans sa bouche, lui souffla au visage; et lui mettant la main sur le front, l'appela deux fois par son nom : « Paul, Paul. » — A ces mots, l'enfant, comme revenant d'un profond sommeil, ouvre les yeux et répond : « — Père »; et il ajoute : « je voudrais me confesser, j'avais oublié un péché. » Philippe fait alors éloigner tous les assistants, interdits à la vue d'un tel miracle, et plaçant un crucifix dans les mains de l'enfant, il écoute sa confession. Une fois achevée, il rappelle tout le monde, et se met à parler avec le jeune homme, pendant une demi-heure sur le bonheur du ciel. A la fin de cet entretien qui avait ravi les assistants, Philippe ayant demandé à Paul, « s'il mourrait volontiers ? » — Et l'enfant ayant répondu affirmativement, parce qu'il serait sûr ainsi de s'en aller au ciel, en compagnie de sa mère et de sa sœur, qui y étaient déjà : « Va, lui dit Philippe, sois béni, et prie Dieu pour moi, » — Et Paul, avec la douceur et le sourire des bienheureux mourait de nouveau dans les bras de notre Saint.

Parmi les dons que Dieu accorde *gratuitement* à ses Saints pour confirmer leur mission surnaturelle, se place au premier rang, le don de prophétie, qui lui était presque habituel, et lui servait de moyen puissant pour attirer les âmes à la vertu. Aucun saint ne l'eut à un si haut degré. C'est du reste le témoignage qu'en a rendu la Sacrée Congrégation des Rites : *In prophetiœ dono non est inventus similis illi.* (1) Les événements suivants en seront la preuve éclatante.

Jean Crivelli vint le trouver un jeudi-saint pour se confesser. Il était en pleine santé. « Préparez-vous, lui dit Philippe, vous mourrez pendant les prochaines fêtes de Pâques. » Et cela arriva. — Il annonça de même à ses disciples la mort du célèbre médecin Jérome Cordella, et d'Alexandre Crescentio; à Marcel Ferri, celle de son père; à Victoria Cibo, celle de sa sœur; à François de Molaria, celle de son épouse. Et au mo-

(1) Bulle de la Canonisation.

ment où notre Saint prédisait leur mort, ces personnes jouissaient d'une parfaite santé. Et toutes moururent à l'heure et de la manière qu'il avait annoncé.

Il agissait de même auprès des malades, leur déclarant avec une égale certitude, la mort ou le retour à la santé ; et la suite des événements venaient confirmer ses paroles. Il ne faut pas s'en étonner. L'avenir n'avait rien de caché pour Philippe ; il y lisait comme dans un livre ouvert. A différents prélats il annonça qu'ils deviendraient cardinaux ; et chaque fois qu'il s'agissait de l'élection d'un Souverain-Pontife, notre Saint savait d'avance quel serait l'élu. C'est ainsi qu'il prédit le Souverain Pontificat aux cardinaux Alexandrin, Buoncompagno, Esfrondato et Aldobrandini. Lorsque Alexandre de Médicis était encore laïque et ambassadeur du Grand-Duc d'Etrurie, Philippe lui dit un jour en confidence : « Vous deviendrez cardinal; vous monterez sur la chaire de Saint-Pierre, mais vous ne l'occuperez que fort peu de temps. » Et en effet, la chose se passa ainsi. Grégoire XV attesta lui-même la vérité de cette prédiction. « J'étais, dit-il, Auditeur de Rôte à l'avènement de Léon XI. Quand nous fûmes lui baiser les pieds, il nous dit : « Notre pontificat sera court, nous savons que nous devons bientôt mourir. » Ce qui arriva. Léon XI mourut après 25 jours de pontificat. Les paroles de notre Saint avaient donc été prophétiques.

Outre les grâces et les vertus dont Dieu enrichit Philippe pendant son long et glorieux apostolat, il lui accorda encore de célestes faveurs pour consoler son âme. Il était souvent éclairé de la lumière contemplative; on le voyait alors s'élever au-dessus du sol, et dans l'attitude d'une complète immobilité, il écoutait les secrets divins que le ciel lui confiait, jouissant déjà des délices du paradis. Et ces ravissements avaient lieu, non seulement dans sa cellule et les lieux privés ou solitaires, mais en pleine église, sous les yeux de tout un peuple, si grande était son union avec Dieu, si prompt et si intense son amour au contact de son doux Jésus.

On raconte qu'étant un jour sorti pour aller voir le Pape, il tomba en extase devant

Grégoire XVI, tant la présence du Vicaire de Jésus-Christ lui causait des transports d'amour. Depuis lors, il ne se rendait jamais au Vatican, sans se recommander aux prières de ses disciples, « afin, disait-il, que Dieu le préservât de ses accès de folie. » — Souvent pendant la Sainte-Messe Dieu le comblait de ses plus douces faveurs. Une nuit de Noël, il put contempler, dans la Sainte Hostie, ce même Jésus, sous la forme d'un ravissant petit enfant, le tenir dans ses mains, lui offrir avec ses profondes adorations, le témoignage ému de son amour et de sa vive reconnaissance ! Souvent aussi, après la consécration, Dieu lui découvrait les splendeurs des cieux, lui laissant contempler la gloire des Bienheureux, et les félicités qu'il réserve à tous ceux qui l'auront aimé ici-bas.

Il y aurait bien d'autres merveilles à rapporter encore. Mais elles ne serviraient qu'à surcharger le récit de notre histoire. Disons simplement qu'elles étaient le signe manifeste de l'intervention divine dans toutes les œuvres de Philippe, ce qui rendait possible son dessein de réformer le Clergé et les mœurs romaines. Sainte entreprise que l'Esprit-Saint avait suggérée à son cœur d'apôtre, et qui fut l'étoile polaire de toute sa vie, parce qu'elle devait sauver les âmes en augmentant la gloire de Dieu.

Saint Philippe guérit miraculeusement Clément VII.

CHAPITRE X

Profonde estime que tous avaient de Philippe

Des dons aussi merveilleux, accompagnés des vertus les plus éminentes, abritées sous le manteau de l'humilité, avaient fait de Philippe un objet d'admiration et lui avaient conquis l'estime universelle. Les Souverains-Pontifes eux-mêmes le regardaient et le vénéraient comme un saint. Paul IV saisissait toutes les occasions de se recommander à ses prières, lui faisant exprimer ses regrets de ne pouvoir plus assister aux exercices de l'Oratoire. Il le fit appeler à son lit de mort, voulant se procurer le bonheur de mourir dans ses bras. — Pie V se félicitait d'avoir eu, sous son Pontificat, un homme aussi puissant en œuvres et en paroles, et le consultait sur toutes les affaires de l'Eglise. — Grégoire XIII et Léon XI aimaient à s'entretenir en tête-à-tête avec lui, et voulaient qu'il s'assit et se tint couvert en leur présence. — Grégoire XIV avait coutume de lui baiser les mains. Un jour en l'embrassant avec une très vive affection : « Je suis, lui dit-il, plus élevé que vous en dignité; mais vous m'êtes supérieur en sainteté. » -- Sixte V le vénérait à ce point, qu'il n'osait lui refuser rien de ce qui intéressait sa Congrégation; et Clément VIII, par seule considération de ses mérites, accepta le retour d'Henri IV, roi de France, à la communion de l'Eglise. Ce Pape avait une telle confiance dans les prières de Philippe, qu'il se reposait sur elles de la conservation de sa santé. Aussi, dès qu'il était souffrant, il ne manquait pas d'attribuer son mal à l'oubli de notre Saint. « Allez donc rappeler au P. Philippe, disait-il à ses familiers, la promesse qu'il m'a faite de prier pour moi. » Chaque fois qu'il venait le voir, il l'embrassait avec tendresse à son arrivée et à son départ. On rapporte qu'en l'année 1595, pendant le temps pascal, ce Pape fut pris d'une très forte crise de goutte qui l'obligea à s'aliter; et sa souffrance était si grande qu'il ne pouvait même pas supporter que l'on touchât son lit. Philippe l'apprit, et désirant beaucoup le guérir, se rendit au Vatican. Dès que le Pape l'aperçut, il le pria de ne pas approcher. Mais notre Saint arrivant avec précaution près de son lit : « Ne craignez rien, Très-Saint Père, lui dit-il ; et laissez-moi faire. » Aussitôt, sans rien ajouter de plus, il prit la main du malade avec une grande affection, et la serra. Chose admirable ! la douleur cessa immédiatement, et Clément VIII fut guéri de sa crise, comme il en témoigna lui-même devant la Congrégation des Evêques et Réguliers. Ce pape eut voulu avoir Philippe pour confesseur. Mais notre Saint déclina pareil honneur en raison de son grand âge. Clément choisit donc à sa place le P. Baronius, le fils très-cher de Philippe. Il avait annoncé à la Cour pontificale que notre Saint serait un jour canonisé. Et même de son vivant, il en avait placé le portrait au milieu de ceux des autres Saints dans ses appartements.

On ne doit pas être surpris des témoignages d'estime et d'affection que les Souverains-Pontifes accordaient à Philippe. Ils lui offrirent plusieurs fois les plus hautes dignités de l'Eglise, mais sa profonde humilité les lui fit toujours refuser. Grégoire XIV, en présence de plusieurs cardinaux, lui avait placé sur la tête une de ses barettes cardinalices, en disant : « Nous vous faisons cardinal. » Il avait même ordonné à son secrétaire d'en expédier le Bref. Mais Philippe donna ses raisons au Saint-Père, qui n'insista pas davantage. La même chose se passa avec Clément VIII.

Quant aux cardinaux, tous l'aimaient, le recherchaient, et avaient pour lui la vénération la plus profonde. L'intimité était même si grande entre lui et les cardinaux Paravicini et Frédéric Borromée, qu'on les avait surnommés « *l'âme de Philippe.* » Les cardinaux Paravicini et Bandini remerciaient Dieu tous les jours : le premier, de l'avoir eu pour directeur spirituel depuis l'âge de six ans; le second, de lui avoir servi la messe dans son enfance. Nous ne parlerons pas ici des cardinaux Baronius et Tarugi ; nous avons montré leur affection pour Philippe dans plusieurs endroits de cette histoire. Les cardinaux Panfilio, Madrucci, Alexandrin, Sirlet et Donat Cesi éprouvaient un bonheursensible à parler de notre Saint, tant était vive l'affection qu'ils lui portaient. Signalons, en terminant, le cardinal Valeri, évêque de Vérone, qui écrivit à la louange de notre Saint encore vivant, un livre intitulé « *Philippe* ou *de l'allégresse chrétienne* » ; — le cardinal Paleotti, archevêque de Bologne, qui dans un opuscule sur « *les avantages de la vieillesse* » faisait de notre Saint, encore en vie, l'éloge le plus flatteur, le donnant comme le type accompli de la vieillesse la plus heureuse et la plus vertueuse, et dix-sept autres cardinaux trés-intimement liés avec Philippe.

Les saints, qui vécurent de son temps, n'étaient pas moins unanimes à rechercher son amitié et à lui accorder leur vénération. Saint Charles Borromée, quoique cardinal, tombait à ses genoux, lui baisait les mains en les arrosant de ses larmes, et lui demandait conseil pour la direction de son âme et de son diocèse. — Faut-il rappeler l'estime profonde qu'avait pour lui Saint Ignace de Loyola ? « Donnez-moi, disait-il, un homme comme Philippe, et je me charge de convertir l'univers entier. » L'histoire nous a conservé le souvenir de l'affection et de la cordialité avec lesquelles ils se visitaient, et la sainteté des vues qui régnaient dans leurs entretiens. — Saint Camille de Lellis se confessait à Philippe. Ce fut à ses lumières et à sa direction qu'il dut l'établissement de sa Congrégation des Ministres des Infirmes. — Saint Félix de Cantalice ne le rencontrait jamais dans les rues, sans se mettre aussitôt à genoux pour recevoir sa bénédiction, et Sainte Catherine de Ricci se recommandait à ses prières.

Enfin pour qu'on ait une idée exacte de l'estime profonde dont la ville de Rome entourait notre Saint, nous dirons que dans tous les monastères, sa visite était reçue comme une faveur du ciel : les uns croyant voir en lui *un Ange plutôt qu'un homme ;* les autres le considérant comme *une relique animée* ; et les Supérieurs eux-mêmes recouraient à lui comme à un oracle dans leurs embarras. Le P. Claude Aquaviva, Général de la Compagnie de Jésus, d'une rare sagesse, avait souvent avec lui de longues conférences sur les affaires de son Institut. Les Supérieurs Majeurs des autres Ordres en faisaient autant, lui soumettant leurs difficultés et recevant ses conseils. Et l'un d'eux déposa sous la foi du serment, après la mort de notre Saint : « qu'il avait consulté dans Rome tous les hommes éminents en science et en sainteté, mais qu'aucun n'avait résolu ses doutes avec autant de prudence et d'habileté que Philippe. »

Enfin, le renom de sainteté dont jouissait notre Saint était tel, qu'on l'invoquait déjà de son vivant par cette prière : « Saint Philippe, priez pour nous. » Certains lui rendaient le culte qui appartient aux saints, en se mettant à genoux devant son portrait ; d'autres par dévotion faisaient graver son image et la plaçaient dans leurs chambres parmi celles des saints, persuadés qu'ils obtiendraient par son intercession les grâces et les faveurs qu'ils sollicitaient, tout comme s'il eut été déjà en possession de la gloire du ciel.

Pendant sa vie, sa grande pureté et le don extraordinaire de prophétie lui valurent les surnoms d'*ange* et de *prophète*. On le compara même à Moïse et aux apôtres dont il rappelait la merveilleuse existence. Les fils des plus illustres familles se disputaient l'honneur de pouvoir balayer et arranger sa cellule, nettoyer sa chaussure. Ils rivalisaient d'empressement à le soigner lorsqu'il était malade ; recherchaient l'occasion de lui rendre quelque service pour avoir le moyen d'emporter de sa chambre ses vieux habits, les menus objets dont il s'était servi, et qui étaient ensuite conservés comme de précieuses reliques, si haute était l'estime qu'ils avaient de sa vertu, si inébranlable le jugement, qu'ils avaient porté sur son éminente sainteté !

CHAPITRE XI

Dernières années de Philippe. — Sa précieuse mort.

Nous l'avons déjà vu, Philippe avait été élu, malgré lui, Supérieur à vie de la Congrégation. Mais en Novembre 1592, après une maladie mortelle dont il ne guérit que par miracle, désirant plus que jamais passer ses dernières années dans une vie plus recueillie et plus contemplative, et quitter cette terre plutôt comme subordonné que comme Supérieur, il rassembla tous ses Pères et leur fit part de ses désirs, en les priant humblement de vouloir, pour le plus grand bien de la Congrégation, le relever de sa charge. Cette démarche émut profondément les religieux. Mais après mûres réflexions, nul ne put se résoudre à lui donner son assentiment. Notre Saint eut dont recours à l'intervention du Pape, en priant les cardinaux Cusano et Borromée d'exposer sa situation au Saint-Père, et de lui obtenir ce qu'il désirait. Clément VIII agréa les raisons de notre Saint et donna son consentement.

Les Pères se soumirent devant la décision pontificale, et choisirent, à la place de Philippe, le P. César Baronius d'après les indications et les désirs de notre Saint.

Malgré sa retraite, Philippe ne laissa pas de travailler comme auparavant. Il ne changea rien à l'extérieur de sa vie, confessant ses pénitents, instruisant ses chers disciples, recevant tous ceux qui avaient besoin de ses conseils et de son ministère. Il consentit même à ce que ses fils l'appelâssent encore du nom de *Père* : nom qui exprime bien plus l'amour que la dignité. Malgré son âge, il conservait toujours la vivacité de la jeunesse et la ferveur de l'âme. Il priait et remplissait tous les jours les fonctions sacrées. Mais il ne sortait plus de la maison, que lorsque le Pape le faisait appeler ou que la charité le conduisait auprès des malades. Retiré dans sa chambrette, il vaquait davantage à l'oraison, ou lisait un des rares ouvrages gardés pour son usage: la Ste Ecriture, l'Imitation de Jésus-Christ, les œuvres de Louis de Grenade ou la vie de Ste Catherine de Sienne. Quant aux autres livres, il les avait déjà donnés à la bibliothèque de la Congrégation. Détaché de toutes choses et d'une mortification extraordinaire, sa nourriture consistait dans l'aumône que lui faisaient tous les jours les cardinaux Cusano et Borromée : l'un d'un petit pain, l'autre d'un petit flacon de vin, avec un ou deux œufs. Et cette nourriture, il la prenait en si petite quantité, que les médecins la jugeaient insuffisante à l'entretien de sa vie. S'il parvint à une extrême vieillesse, il le dût plutôt à la vertu de l'Eucharistie qu'aux aliments naturels. (1) Cette vie d'oraison et de retraite ne l'empêchait pas de se dépen-

(1). Bulle de la canonisation.

ser au profit du prochain. Il avait trop l'habitude d'une charité active pour qu'elle ne fit pas violence à son cœur, et qu'il osât jamais congédier ceux qui avaient recours à ses lumières et à ses conseils. Saisissant donc l'occasion des nombreuses visites qu'on lui faisait, il s'en servait pour s'entretenir pieusement avec les visiteurs, leur parler de Dieu et de la perfection chrétienne, et leur suggérer les plus admirables réflexions. « Qu'y a-t-il de bien en ce monde ? leur disait-il. — Vanité des vanités, et tout est vanité. Je ne trouve en ce monde rien qui me plaise, et cela me plaît souverainement de n'y rien trouver qui me plaise. » Oh ! comme nous devons, nous ses enfants, nous rappeler les paroles de notre B. Père ! les graver au fond de notre cœur, les méditer sans cesse, et les mettre surtout en pratique ! Comme nous devons aussi garder le souvenir de ces autres accents qui sortaient du cœur de Philippe tout enflammé de l'amour divin, et que nos Pères, saisis d'émotion, lui entendaient répéter souvent : « Croyez-moi, mes enfants ; ce n'est pas moi, c'est Dieu qui a fait la Congrégation, parce que, je vous l'assure, je n'aurais jamais pensé rien de semblable. — Cette Congrégation, ajoutait-il, c'est la Très-Sainte Vierge qui l'a fondée. » Et il le disait pour glorifier la puissance de son intercession ; pour exciter tous ses enfants à avoir une inébranlable confiance dans cette tendre Mère, qui s'est toujours montrée si secourable à l'Institut de l'Oratoire.

Philippe avait 80 ans, lorsque au mois de Mars 1595 il fut pris d'une fièvre continue qui l'obligea à s'aliter. Mais Dieu qui connaissait les saint désirs de son âme de célébrer la Ste Messe le jour des SS. Philippe et Jacques, jour de sa fête, le guérit soudainement, comme il l'avait prédit lui-même au plus fort de la maladie. Toutefois, voulant obéir aux prescriptions des médecins, il s'abstint de célébrer la Ste Messe, les trois jours après la fête : et il ne changea rien à ses habitudes, jusqu'au 12 Mai. Ce jour-là, pris à l'improviste par un violent crachement de sang, le Père Baronius, qui était Supérieur, craignant de le voir expirer dans cette crise, s'empressa de lui donner l'Extrême-Onction. L'hémorragie cessa aussitôt. Mais son état d'épuisement parut si inquiétant, que le cardinal Borromée crut devoir lui administrer le Saint-Viatique. Il prit donc à l'Eglise le Saint-Sacrement, et le lui apporta.

Philippe le désirait ardemment. Dès qu'il l'aperçut à l'entrée de sa cellule, lui qui à cet instant paraissait comme mort ouvrit les yeux, et s'écria d'une voix forte : « Voici mon amour ! Voici mon bien ! Donnez-moi vite mon amour! » et avec de tels accents de ferveur et de tendresse, que tous les assistants fondaient en larmes. Alors le cardinal, s'approchant du lit pour le communier, récita pieusement les paroles du Domine non sum dignus. « Oh ! reprit le malade, c'est bien vrai, je ne suis, ni ne fus jamais digne de le recevoir ; car dans ma longue vie, je n'ai fait aucun bien ! Venez cependant, mon Jésus ! venez, mon amour ! venez guérir mon âme ! » Dès qu'il eut communié: « Maintenant, dit-il, j'ai reçu le vrai médecin de mon âme ! Elle ne désirait qu'une chose recevoir son Jésus ! Qui veut autre chose que Jésus-Christ ne sait ce qu'il veut. » Il passa tout le reste du jour dans une sainte joie, ne s'affligeant, ni se troublant nullement d'avoir eu encore trois grosses hémorragies. Au contraire, levant les yeux au ciel, il se consolait et éclatait en actions de grâces : « Dieu soit loué, disait-il, de ce que je puis en quelque manière rendre sang pour sang. » — Une personne, qui paraissait atterrée à la vue d'un spectacle si douloureux, entendit Philippe lui demander avec un doux sourire : « Avez-vous peur ? Pour moi, je n'ai point peur. » Et comment aurait-il craint la mort, lui qui s'y était préparé toute sa vie ! lui qui la désirait tant pour s'envoler dans les bras de son Dieu !

Notre Saint se rétablit promptement ; au jugement des médecins ce fut un nouveau et signalé bienfait de la part de Dieu. Il put encore vaquer facilement à ses occupations ordinaires. Il paraissait même en si bonne santé que ses disciples espéraient le conserver encore plusieurs années. Mais lui ne cessait de se préparer à la mort, et en prédisait le jour, l'heure et les circonstances particulières.

Le jour de la Fête-Dieu, il commença de grand matin à entendre les confessions ; et dans ses exhortations pleines de tendresse, les pénitents purent deviner qu'il leur parlait pour la dernière fois ; car, il leur donna à tous un rosaire à dire pour lui après sa mort. Au sortir du confessionnal, il récita les Petites-Heures, et célébra la Ste Messe dans son oratoire privé avec une dévotion particulière. Cette messe fut accompagnée de circonstances extraordinaires. En allant du côté de l'Epître pour réciter l'Introït, Philippe fixa ses regards vers le mont Saint-Onuphre, qui apparaissait de là, et resta longtemps absorbé dans la contemplation d'une chose qui le ravit. Que se passa-t-il ? — Que vit-il ? — Dieu seul le sait. Mais cette vision le laissa possédé d'une telle allégresse qu'arrivé au *Gloria in excelsis*, contre son habitude, il se mit à le chanter au grand étonnement des assistants. Après le St Sacrifice et son action de grâces, il prit un peu de potage, et dit à ceux qui étaient présents : « On me croit guéri ; mais il n'en est rien. » Il se mit de nouveau à confesser, et passa presque toute la journée à recevoir des pénitents, et à écouter la lecture de la vie des saints. Survinrent, à ce moment, Mgr Panfili, auditeur de Rote et Mgr Spinello Benci, premier évêque de Montepulciano. Philippe les reçut, s'entretint quelques instants avec eux, et leur fit réciter avec lui les Matines du lendemain. A la tombée de la nuit, notre Saint soupa comme de coutume, entendit les confessions des Pères qui devaient célébrer le lendemain les premières messes, donna comme toujours sa bénédiction à ses fils, mais cette fois très-affectueusement, et alla se coucher sans donner le moindre signe de malaise ; les priant de le laisser seul, voulant, sans doute, dans ses derniers moments, pouvoir s'entretenir en toute liberté avec son Dieu.

Il était environ deux heures du matin, lorsqu'on l'entendit marcher dans sa chambre. A ce bruit inaccoutumé, le P. Gallonio se lève, court aussitôt près de Philippe pour voir ce qui se passe, et le trouve assis sur son lit. Un nouveau crachement de sang venait de se produire ; et le sang affluait en telle abondance dans sa gorge, qu'il en était suffoqué. On s'empresse de lui venir en aide. Notre Saint accepte par obéissance tous les remèdes qu'on lui applique. Mais, s'apercevant de la douleur profonde de ses fils agenouillés autour de sa couche, il leur dit avec un accent d'affection et de douleur incomparables : « Me voici arrivé à mon dernier moment : si vous n'avez pas d'autres remèdes, ne vous fatiguez plus ; je sens que je vais mourir. » — Le P. Baronius se hâte alors de lui faire la recommandation de l'âme, mêlant ses sanglots et ses larmes aux prières de l'Eglise. Et comme il le voyait expirer : « Père, lui dit-il, vous nous laissez donc sans nous rien dire ? Donnez-nous au moins votre bénédiction. » A la demande de ce fils qu'il aimait tant, Philippe fit un suprême effort ; ouvrant les yeux, il les tint fixés au ciel pendant quelques instants ; les abaissa affectueusement sur ses disciples qui fondaient en larmes autour de sa couche, leva légèrement la main pour bénir cette famille si chère, et sans autre signe de douleur ou d'agonie, par un profond soupir, son âme se détacha de l'enveloppe terrestre et retourna à Dieu dans la patrie des saints. C'était à l'aube du 26 Mai 1595, dans la nuit de la fête du Très-saint Sacrement, comme il avait prédit. Philippe venait de mourir de la plus belle mort qu'on puisse désirer.

Qui pourrait décrire le deuil immense qu'apporta aux cœurs des Philippins la mort de leur bien aimé Père ? Abîmés dans le silence et la douleur, ils ne pouvaient se lasser de considérer ce doux visage, qui reflétait le repos du sommeil plutôt que celui de la mort, et où l'amour divin avait fixé encore un rayon de beauté qu'on ne peut rendre. Ils pleuraient celui qui avait été leur fondateur et le meilleur des pères ; tandis que les esprits bienheureux, dans leur exultation, chantaient l'arrivée au ciel de celui qui, sur la terre, s'était montré un bon soldat du Christ Jésus !

On le revêtit des habits sacerdotaux ; et selon la coutume du temps, on le porta processionnellement à l'Eglise. Quand Rome connut la perte qu'elle avait faite, il y eut un grand saisissement dans toutes les classes de la cité. On se porta en foule à l'Eglise de la Vallicella. Cardinaux et prélats, prêtres et religieux, princes et nobles, le peuple enfin, tous voulurent dire un dernier adieu à ce Saint qui leur avait fait un bien immense, et qui avait été leur ami commun.

Ses restes vénérés demeurèrent deux jours exposés à la piété des fidèles. Tous se prosternaient près de ce corps, imploraient son assistance, prenaient quelques débris de ses vêtements pour les conserver comme de précieuses reliques. Il y eut dès ce moment de nombreux miracles : Bacci en rapporte huit, qui furent attestés par serment. Ainsi Dieu commençait à glorifier Philippe, le prenant comme un instrument de sa puissance et de ses miséricordieuses faveurs.

Il fallut cependant procéder à l'office funèbre. D'après les usages de la Congrégation, on eut voulu la simplicité en toutes choses : un cercueil, sans distinction d'aucune sorte, et la sépulture commune.

Mais les cardinaux Borromée et de Médicis s'y opposèrent; ils voulurent qu'on déposât ces restes vénérés dans un cercueil de noyer, et qu'on les plaçât dans une petite chapelle du côté de l'Epître. C'est là que reposa pendant six ans la dépouille mortelle de ce bien-aimé Père. Dieu y manifestait sa puissance par l'entremise de son serviteur. « *Ses ossements tressaillaient d'allégresse et refleurissaient dans leur sépulture.* » Dieu exaltait l'humilité de son Saint, et préparait sa glorification, que devait proclamer treize ans plus tard, Paul V, le Vicaire de Jésus-Christ sur cette terre !

CHAPITRE XII

Béatification et Canonisation. — 3e centenaire de Saint-Philippe.

La réputation de sainteté dont jouissait Philippe était si grande et si universelle, qu'à peine descendus dans la tombe ses restes devinrent l'objet de démontrations extérieures les plus significatives. On venait à chaque instant visiter son tombeau, et l'on y éprouvait les plus douces consolations spirituelles ; on se recommandait à son intercession et l'on était exaucé dans ses demandes. Au témoignage de personnes graves, un parfum des plus suaves, semblable à celui des roses et des lis, s'exhalait de ce tombeau. Les miracles s'y multipliaient ; un enfant mort-né venait d'y ressusciter. Le Pape avait permis d'y faire brûler nuit et jour une lampe ; puis, il en avait autorisé plusieurs autres, comme ex-voto des grâces reçues ; par exemple, celle du duc de Bavière, d'une valeur de 5000 francs. Tels étaient les témoignages de vénération des fidèles qui le tenaient déjà pour bienheureux.

Or, dans l'année même de sa mort, voulant avoir des images de Philippe, on en fit peindre, portant déjà le titre de Bienheureux, entouré de l'auréole des saints, et mentionnant les miracles les plus connus de de sa vie. D'ailleurs Clément VIII lui-même autorisait ce culte public par son exemple : il conservait le portrait de Philippe dans sa chambre au milieu de ceux des autres saints.

Au premier anniversaire de sa mort, au lieu de la messe de Requiem on chanta solennellement la messe du saint du jour, à laquelle assistèrent plusieurs cardinaux et prélats, et un grand concours de fidèles. Après les Vêpres, on fit même le panégyrique de Philippe, si vifs étaient les désirs de tous de pouvoir honorer notre Saint. Cinq ans ne s'étaient pas écoulés que le P. Gallonio publiait une vie de Philippe de Néri, lui donnant le titre de Bienheureux : et cela par concession spéciale du Pape. Clément VIII, se rappelant son intimité avec Philippe et les grâces nombreuses qu'il en avait reçues, l'entendait lire avec joie et consolation ; il était surtout heureux d'y trouver mentionnées les faveurs dont il avait été lui-même l'objet.

Ces honneurs, que la piété des fidèles décernait à notre Saint, ne parvenaient pas à calmer l'impatience publique. Tous désiraient le voir placé au plus tôt sur les autels. Le Pape lui-même, avait répondu un jour à un personnage lui parlant de Philippe : « Nous le tenons déjà pour un saint », et les plus hauts dignitaires de la Sainte-Eglise travaillaient activement à glorifier les vertus de l'humble Oratorien. Les princes et leurs nations faisaient les plus vives instances pour obtenir sa béatification : Henri IV et Louis XIII, Marie de Médicis, sa mère, et Ferdinand I, grand-duc de Toscane, Come, son fils, et Maximilien, duc de Bavière. La France et la Toscane agissaient de concert, témoignant ainsi leur reconaissance : l'une, des bienfaits qu'elle en avait reçus, l'autre, d'avoir été le berceau du serviteur de Dieu. Et Rome, la ville préférée du Saint, que ne faisait-elle pas pour glorifier son infatigable apôtre? Tout ce qu'il y avait de personnages illustres dans le Sénat et le peuple romain, se fit un honneur insigne de contribuer par tous les moyens à l'exaltation de celui qui pendant plus de 60 ans, avait consacré sa vie à la moralisation du peuple et au bien de la cité.

Philippe était mort depuis deux mois à peine, que le Pape ordonna de commencer les informations canoniques sur ses actions, ses vertus et ses miracles. Les témoins accoururent par centaines. On recueillit des témoignages de toutes parts. On discuta et on prouva une à une ses vertus à un degré héroïque; on écouta les objections qui furent faites, et on les réfuta victorieusement. Le ciel se mit de la partie en faisant éclater de nombreux miracles, qui furent soumis au plus sévère examen et définitivement approuvés. Bacci, écrivant la vie de notre Saint, cinq ans après sa canonisation, en rapporte deux cents. Nous en rappellerons un dont fut l'objet le cardinal Orsini, plus tard Benoit XIII. Un terrible tremblement de terre s'étant produit à Bénévent, où le cardinal était évêque, il fut enseveli sous les décombres de son palais épiscopal. Se croyant perdu, il invoqua notre Saint en qui il avait une confiance spéciale. Aussitôt, sans savoir comment, il se trouva abrité sous une de ses images, ce qui suffit à lui sauver la vie ; comme il l'attesta par serment au procès de Béatification.

Enfin, après le plus minutieux examen de toutes les procédures où figurèrent les hommes les plus éminents en sainteté et en science, comme le Vénérable cardinal Bellarmin, Philippe fut proclamé Bienheureux, le 25 Mai 1612 par le Pape Paul V ; et canonisé vingt-sept ans après sa mort, le 12 Mars 1622, par Grégoire XV, en même temps que les Bienheureux Isodore le laboureur, Ignace de Loyola, François Xavier et Thérèse de Jésus.

Ainsi se réalisaient les desseins de la Providence qui avait décrété d'élever aux honneurs suprêmes cet humble Oratorien, qui eut voulu passer sur la terre dans l'humilité la plus profonde et l'oubli le plus complet. La parole du psalmiste trouvait une fois de plus sa magnifique réalisation : *Dieu exalte toujours les humbles — Exaltavit humiles !* (1) Ainsi se réalisaient encore les vœux et les désirs des amis de Philippe qui le voyaient enfin glorifié ; et qui célébrèrent dans des transports de joie et des fêtes inénarrables l'heureuse réalisation de cet évènement.

La ville de Rome, pour des motifs spéciaux au souvenir de tous les bienfaits qu'elle en avait reçus, voulut être la première à se prosterner aux pieds de notre Saint, et elle le fit dans une manifestation extraordinaire de sentiments de joie et de filiale gratitude.

Mais ceux qui ne voulurent céder en rien dans la célébration de ces fêtes et les transports de leur joie, furent les Pères de l'Ora-

(1) S. Luc. I. 52

toire, fils chéris de notre Saint, héritiers de son esprit et continuateurs de son œuvre. Ils célébrèrent avec une pompe inconnue jusque-là, les deux triomphes de Philippe, sa Béatification et sa Canonisation.

A la mort de notre Saint, il n'y avait guère dans l'Oratoire que sept Congrégations de fondées. Depuis, cette illustre famille s'est merveilleusement multipliée sur toute la terre ! L'arbre de bénédiction a fructifié depuis le jour où Philippe, par inspiration divine, le planta dans la ville de Rome : ses ramifications se sont étendues sur l'Italie, la France, l'Angleterre, l'Espagne, la Pologne, les Indes, l'Amérique etc, etc, et les fils de Philippe ont semé dans l'univers l'esprit de leur bien-aimé Père, et l'ont fécondé de leur doux et bienfaisant apostolat. Que les bouleversements sociaux et les révolutions viennent ébranler les empires, les diverses Congrégations Oratoriennes pourront en éprouver de grands dommages; mais Dieu, dans son infinie miséricorde leur sera toujours secourable, et conservera, pour le plus grand bien du peuple chrétien, le feu sacré qui fut un jour allumé par Philippe dans ses diverses maisons. C'est d'abord la Congrégation de Rome, berceau de l'Institut, foyer toujours ardent, où viendront se retremper auprès de notre Saint, les âmes qu'il convie à son apostolat, pour en faire des héros et des saints ! — Puis, les maisons de Londres, de Birmingham, illustrées par le cardinal Newmann et le P. Faber, dont les écrits imprégnés de l'esprit de charité de Philippe, réchauffèrent les âmes glacées par l'hérésie anglicane, et préparèrent le mouvement merveilleux de conversions, qui a si vivement réjoui l'Eglise dans ses vingt dernières années. — Ailleurs, c'est la maison de Naples, première fondation de Philippe, pépinière féconde d'illustres personnages, qu'il serait trop long de rappeler ici. Saluons toutefois, avec le plus profond respect, celui qui est à cette heure son ornement et sa parure, le cardinal Capecelatro, Archevêque de Capoue, Bibliothécaire de la Sainte-Eglise Romaine.

Trois siècles avaient passé depuis que notre Saint avait quitté la terre pour le royaume des cieux; et l'année 1895 ramenait le centenaire de sa précieuse mort. Pouvait-on laisser passer inaperçu le jour mémorable où Philippe de Néri avait ceint l'immortelle couronne, que lui avaient value ses multiples bienfaits auprès des hommes, et que l'histoire enregistre sous les diverses dénominations de guide des pécheurs, père des pauvres, réformateur des mœurs,patron de la jeunesse, miroir des prêtres et fondateur des plus bienfaisantes institutions ?

Avec les encouragements de notre Saint Père le Pape, qui désirait voir célébrer un si mémorable évènement par de magnifiques fêtes, on institua une commission d'honneur, dont voulurent faire partie des cardinaux, des princes et autres personnages illustres.

Tous les mois de l'année 1895, eurent lieu dans l'Eglise de la Vallicelle des fêtes inoubliables, présidées chaque fois par un ou plusieurs cardinaux, heureux d'apporter à notre Saint, leur tribut d'amour et de vénération. On organisa enfin des séances académiques, des pélerinages à son tombeau, des fêtes de charité : témoignages manifestes et irrécusables de la profonde gratitude qu'on a vouée au Saint le plus sympathique et le plus populaire du XVIe siècle.

CHAPITRE XIII

Un dernier mot.

En achevant le récit de cette vie, et avant d'offrir à nos lecteurs le tableau sommaire et sec des diverses maisons de l'Institut, nous voulons placer sous leurs yeux l'appréciation des Papes et des saints sur l'œuvre de S. Philippe. Ils se feront ainsi une juste idée des bienfaits sans nombre que produisit l'Oratoire dans la ville de Rome, et que devaient continuer et étendre les diverses maisons de l'Institut, partout où, suscitées de Dieu, elles répandraient l'esprit de charité de leur B. Père.

Quand l'Institut philippin apparut à Rome, et de là se répandit dans le monde comme un fleuve de bénédiction, il s'éleva vers le ciel un immense concert de joie et de reconnaissance. La vie religieuse qui, jusqu'alors, s'était renfermée dans les cloîtres, dans la pratique des mortifications et de la pénitence, apparaissait désormais, sous une forme moins austère, au milieu des villes et de la société. Et les âmes, avides de perfection, qu'une constitution trop délicate retenait dans le monde, pouvaient répondre à l'appel de Dieu. Elles trouvaient en effet, dans cette nouvelle Congrégation, une satisfaction entière à leurs aspirations d'apostolat et de prière, et dans son esprit et ses œuvres, une création admirable, d'une saisissante opportunité, et en parfait rapport avec les tendances et l'évolution des temps. « Ce merveilleux genre de vie », pour parler le langage de S. François de Sales, que S. Philippe venait de créer pour la sanctification des prêtres séculiers, leur permettait, même au milieu du ministère, de tendre à la plus haute perfection. Ils vivraient en communauté, sans vœux, ni promesses d'aucune sorte, seraient unis entre eux par les liens les plus forts et les plus doux de la charité ; et reproduisant avec une parfaite et saisissante similitude la vie des membres de l'Eglise des temps apostoliques, arriveraient par une voie plus facile aux degrés les plus élevés de la sainteté.

L'idée créatrice, qui organisa ce nouveau genre de vie religieuse, fut un trait de génie sorti du cœur de S. Philippe, une transition nécessaire entre le moyen âge et les temps modernes, qui attira les âmes dans les sentiers nouveaux de la perfection et produisit une phalange de héros et de saints.

Elle fut surtout une œuvre opportune. Et la preuve en est dans l'extension merveilleuse que prit en peu de temps l'Institut philippin. A peine semblait-il organisé à Rome, qu'il devenait l'objet des plus ardents désirs sur divers points du monde. L'Italie, la France, la Belgique, la Flandre, l'Espagne, la Pologne, l'Amérique, les Indes se sentaient attirées vers lui : et les fils de notre Saint, répondant à l'appel des nations, passaient les frontières et les mers, et allaient établir sur ces terres lointaines, des maisons de prière, des centres de charité et d'apostolat. Cent ans ne s'étaient pas écoulés depuis la mort de S. Philippe, que déjà plus de cent trente maisons Oratoriennes, disséminées sur le globe, apprenaient aux fidèles l'esprit du bienheureux et leur faisaient connaître les œuvres de son inépuisable charité.

Et l'on ne doit pas en être surpris, quand on pense à la mission de charité et de paix que S. Philippe, ce séraphin de la terre, a confiée à ses fils et qu'ils doivent remplir au milieu des hommes ; aux bénédictions abondantes, déversées par Dieu sur leur immense champ d'apostolat ; aux succès merveilleux accordés à leurs travaux et à leurs fatigues. Gardiens fidèles de l'esprit de leur saint Fondateur, ils mettaient tout en œuvre pour le conserver dans sa première ferveur. Le ciel de son côté semblait prendre à cœur la nouvelle création ; on le vit sanctionner ses débuts, et contribuer ainsi à sa plu-

grande diffusion. Quelques traits entre mille.

Pendant la cérémonie de la canonisation de notre B. Père, un saint religieux capucin priait avec ferveur S. Philippe pour l'Oratoire. Le Saint lui apparut et lui dit : « Vas et dis à tous mes enfants de l'Oratoire, que je leur recommande de pratiquer avec ferveur toutes les saintes œuvres que je leur ai prescrites dans ma règle ; elles sont on ne peut plus agréables à la majesté divine que je contemple à jamais. » (1)

Et ce témoignage rendu par le ciel aux œuvres de l'Oratoire, se trouve confirmé par la recommandation que lui accordaient de leur temps, les Papes dont S. Philippe avait été le conseiller et l'ami ; par les sentiments des saints et des plus grands hommes qui ont illustré l'Eglise depuis trois siècles. Ils précisent d'une manière remarquable l'opportunité et l'efficacité des œuvres oratoriennes au temps présent, justifient pleine-

(1) Grégoire XV a ordonné que ces paroles du Saint fussent conservées pour perpétuelle mémoire dans les Annales de la Congrégation.

ment la protection et l'amour de ces saints personnages pour l'Institut, dont ils proclament la nécessité dans l'Eglise, et le signalent à la piété des fidèles.

L'illustre pape franciscain Sixte V, en apprenant la fondation d'une nouvelle maison de l'Oratoire, demandait avec empressement le nom de la ville où elle allait s'établir, et ajoutait en l'enrichissant des plus abondantes faveurs spirituelles : « O bienheureuse cité, quel bien va se faire dans ses murs ! »

Clément VIII envoyait souvent recommander aux prières de l'Oratoire les plus grands intérêts de l'Eglise. Un jour prononçant une allocution devant une grande assemblée, il voulut exprimer sa pensée sur l'Institut, en proclamant « le genre de vie de l'Oratoire, les exercices qui s'y pratiquent, les œuvres qui s'y opèrent, un des plus précieux ornements de l'Eglise de Dieu ! L'Institut lui manquait, ajouta-t-il, pour achever et compléter sa beauté ! » Grégoire XV et Clément XII se faisaient gloire d'appartenir à l'Oratoire externe, et en suivaient exactement les exercices. Paul IV « regrettait d'être empêché par le pesant fardeau du gouvernement de l'Eglise entière de prendre part aux saints exercices de l'Oratoire, et assurait que son cœur y était toujours présent. » Benoît XIII avait un tel amour pour l'Institut « qu'il ne pouvait se détacher des murs de l'Oratoire, et qu'il eût voulu y rester toujours. » Cette estime et cette affection se retrouvent dans Benoît XIV, et surtout dans Pie IX, de sainte mémoire.

Nous lisons en effet, dans le Bref d'érection de l'Oratoire anglais adressé au R. P. Newmann, la pensée intime de ce grand Pape, quand il déclare « n'avoir pas trouvé de moyen plus propre et plus efficace pour la conversion des âmes et le développement de la vie catholique de l'Angleterre que l'établissement de l'Institut philippin. » Les Saints, qui apprécient toutes choses à la lumière de la divine Sagesse, ne pensaient pas autrement que les Souverains Pontifes. « L'Oratoire, disait S. Joseph de Copertino, l'illustre extatique franciscain, — c'est l'école du divin amour. Qui pourrait dire la force pleine de suavité que possèdent ses saints exercices, pour rendre plus ardente et plus vive la flamme de la divine charité ! ». S. Alphonse Marie de Liguori, qui était membre de l'Oratoire externe, avant de fonder sa Congrégation du Très- Saint Rédempteur, et eut été philippin sans le refus obstiné de son père, avouait que « s'il avait pu faire quelque bien dans sa pauvre vie, c'était à S. Philippe et à l'Oratoire qu'il le devait. » Enfin, au dire d'un grand théologien du XVIIe siècle, l'Oratoire c'est « la ruine de l'enfer, l'école de toutes les vertus et de la plus parfaite méthode d'union avec Dieu, la résurrection des beautés de l'Eglise primitive, le champ fertile où l'on peut recueillir les fruits de toutes les bonnes œuvres ! ».

Et de nos jours, Léon XIII s'est montré héritier de l'amour de ses prédécesseurs pour l'Oratoire ; on sait qu'il a placé sur les autels deux de ses plus illustres enfants : les Bienheureux Juvénal Ancina et Antonio

Grassi. Ce ne sont pas les seules preuves. Étant archevêque de Pérouse, et cherchant à préserver la jeunesse par des œuvres de patronage et d'instruction chrétienne, il les organisa et se plaça lui-même à leur tête, réunissant chaque dimanche ses enfants, pour leur parler de Dieu et de leur âme avec toute sa tendresse de père, et donnant à cette œuvre le nom qu'elle conserve encore aujourd'hui et qui révélait les prédilections de son cœur : « *l'Œuvre des jardins de S. Philippe de Néri.* » Ce n'est pas tout. Nul n'ignore l'état lamentable où se trouvent, en Italie, les Ordres religieux, depuis le jour où le gouvernement sectaire de Victor Emmanuel a juré leur ruine, et a décrété la confiscation de leurs biens. C'était les priver des moyens d'existence, travailler à leur destruction certaine et assurer leur mort à bref délai. Le but, rêvé par la secte, a été malheureusement poursuivi et atteint dans beaucoup de villes. Que de maisons ruinées par les effets de ce plan destructeur ! Que de Congrégations, naguère l'honneur de l'Italie, et aujourd'hui à peu près éteintes ! Que d'Oratoires, hier encore florissants, d'où la vie religieuse se répandait à flots dans la société, et fermés en ce moment ou réduits à l'état le plus précaire !

Spectateur attristé de tant de ruines accumulées, Léon XIII en a cherché le remède dans le rétablissement d'œuvres religieuses pour la sanctification des prêtres et des fidèles. Se rappelant les bienfaits immenses apportés à l'Eglise au XVIe siècle par les Institutions Oratoriennes, et voulant les voir se reproduire dans la société de nos jours, il n'a reculé, pour atteindre ce but, devant aucun sacrifice.

De sa casette privée, il a fait construire à Pérouse un séminaire Oratorien et y a fondé, à perpétuité, un nombre de bourses, uniquement pour les vocations oratoriennes, qui viennent des diverses maisons de l'Institut se former à la vie philippine, et se préparer par la prière et les études à la dignité du sacerdoce. Parvenus à la prêtrise, ces jeunes religieux regagnent leurs Oratoires respectifs, d'où ils étaient venus, y continuent l'œuvre de S. Philippe, et font rayonner au loin les ardeurs de leur zèle sacerdotal.

Pour donner à cette institution récente une stabilité que rien n'ébranle, ce glorieux Pontife, par *Motu proprio* du 30 Septembre 1900, l'a dotée d'une Constitution qui règle son gouvernement jusqu'au moindre détail, la place immédiatement sous la direction pontificale, et réserve au Souverain Pontife lui-même la nomination du Supérieur et des professeurs.

Enfin, pour clore la série de ses bienfaits et faire circuler une vie plus intense dans les diverses maisons de l'Ombrie, des Marches, des Romagnes et de l'Emilie, il les a confiées à une même autorité, en les plaçant sous la direction d'un Visiteur Apostolique.

Nous avons cru bon de rapporter ici les témoignages et les bienfaits des Papes et des Saints qui ont connu l'Oratoire pendant ces trois derniers siècles. Ils expriment éloquemment leurs sentiments sur l'esprit de charité de S. Philippe, sa mission et ses bienfaits dans l'Eglise ; révèlent admirablement leur estime et leur amour, qui furent pour l'Institut une des plus puissantes causes de ses succès et de sa diffusion dans le monde.

En terminant, nous ne pouvons passer sous silence, une révélation importante, faite au XVIIe siècle à une sainte religieuse de l'Ordre réformé du Carmel, la vénérable Sœur Séraphina di Dio (1), prieure des Carmels de Naples et de Capri. Profondément dévouée à l'Institut de S. Philippe, elle s'était placée avec son monastère sous la direction des Pères de Naples. Nous empruntons ce récit à Mgr Jourdan de la Passardière, qui l'a consignée dans son livre : l'*Oratoire de S. Philippe de Néri.* (2)

S. Philippe lui-même, nous raconte la vénérable Sœur, avait daigné l'instruire plusieurs fois dans de merveilleuses extases, sur l'état et l'esprit de son Institut. Mais dans la nuit de la fête de la Nativité de la Très-Sainte Vierge, particulièrement célé-

(1) Sa vie admirable a été imprimée à Naples et à Venise.

(2) Draguignan — Imprim. de Latil — vol in-12 de 520 pages.

brée à l'Oratoire de Naples, sortant de l'extase, la servante de Dieu dicta ce que l'Esprit-Saint lui avait révélé, et envoya ses pages à son directeur. Voici ses propres paroles :

« Ce ne serait pas une plume qu'il me » faudrait, mais la langue d'un séraphin ; » ce n'est pas avec de l'encre, mais avec » mon propre sang que je voudrais écrire ! » Je voudrais que mon cœur s'ouvrît pour » que vous puissiez y lire et y comprendre » tout ce que dans cette nuit de sa Nativité, » la Très-Sainte Vierge Marie et S. Philippe » notre Père et le vôtre ont daigné me révé» ler sur la Congrégation de l'Oratoire ! » Puisse ma lettre allumer dans les cœurs » l'incendie du divin amour !

« S. Philippe m'a montré ce que devraient » être ses enfants ! L'état de sa Congréga» tion est si sublime qu'elle est destinée à » reproduire spécialement dans l'Eglise les » perfections de la troisième et adorable » personne de l'auguste Trinité, l'Esprit» Saint. Aussi, me dit S. Philippe, le véri» table nom qui convient aux sujets de la

» Congrégation est celui de *Fils de l'Esprit-*
» *Saint*, et à la Congrégation elle-même celui
» de *Temple de l'Esprit-Saint*, et il ajou-
» ta : Ce n'est pas mon esprit qui l'a fondée,
» c'est l'Esprit-Saint ! Aussi mes enfants
» doivent agir continuellement sous sa dé-
» pendance, le reconnaître comme leur vrai
» fondateur, être tout amour envers Dieu et
» le prochain, et mon unique désir est de
» les voir consumés par la flamme dont ils
» sont les fils. !

« Je vis ensuite les maternelles tendresses
» de la Ste Vierge pour la Congrégation dont
» elle veut être et demeurer la protectrice,
» l'avocate, la maîtresse et la mère, et mon
» cœur surabondait de consolation et de
» joie ! Non, je n'ai pas de paroles pour
» exprimer l'état sublime où est appelée
» une âme par sa vocation à l'Oratoire. Sa
» seule obligation est d'aimer Dieu, qui est
» la cime, la perfection suprême de toutes
» choses ! Un enfant de S. Philippe c'est un
» fils du sommet de la perfection ! L'Esprit-
» Saint répand son souffle sur lui avec une
» tendre et forte douceur et le porte avec une

» divine suavité à agir généreusement et
» librement en répétant : Tout par amour !
» Mais il me fut donné en même temps de
» comprendre une autre vérité importante.
» La vocation à la Congrégation demande
» une grande correspondance à la grâce,
» une pureté de cœur que rien ne vienne
» ternir. J'ai vu combien déplaisaient à N.S.
» la plus petite tache, le plus léger grain
» de la poussière de l'imperfection dans les
» âmes qui ont fait profession à l'Oratoire.
» Et le B. Père me disait avec quel amour,
» avec quelle effusion de tendresse il recom-
» mandait à N. S. chacun de ses enfants. Il
» me semble l'entendre encore : Mes fils,
» disait-il, sont les fils de la lumière ; quelle
» monstruosité si le feu produisait la neige,
» si la lumière engendrait les ténèbres, si
» la boue pénétrait au travers des rayons
» de cristal ! Etre appelé à l'Oratoire, c'est
» être appelé à devenir un saint et quelle
» merveilleuse facilité on y trouve pour
» acquérir la plus haute perfection !

« Je ne sais pas m'exprimer d'une maniè-
» re plus claire ; ce que je dis est à peine

» une ombre de ce que j'ai vu et senti !
» O bienheureuse nuit ! O jour de grâces !
» Le Seigneur seul connaît la plénitude de
» la joie dont vous avez envahi mon être
» tout entier ! »

Que les désirs de la Très-Sainte Vierge et de S. Philippe se réalisent de plus en plus dans chacun des membres de l'Oratoire ! et ils seront l'honneur de leur glorieuse Reine, réjouiront le cœur de leur B. Père, apporteront une grande édification dans l'Eglise et la société, et formeront une immortelle phalange qui brillera plus tard dans la céleste patrie !

CHAPITRE XIV

L'Œuvre de S. Philippe dans le monde

ou

Tableau des villes où fut fondée la Congrégation de l'Oratoire avec la date de l'érection.

Etats de l'Eglise

Rome	1565	Faenza	1670
Ancône	1654	Fano	1598
Ascoli	1660	Fermo	1586
Assise	1760	Ferrare	1654
Bevagna	1725	Forli	1637
Bologne	1615	Fossombrone	1621
Camérino	1591	Gradoli	1730
Castello	1622	Guardia Sanframondi	....
Cento	1685		
Cesena	1644	Gubbio	1649
Cingoli	1671	Jabriano	1631
Citta di Castello	1622	Jesi	1644
Fabriano	1632	Lugo	1751

Macerata	1645	Pergole	1700
Matelica	1644	Pérouse	1615
Montealbodo	1695	Pesaro	1637
Montecchio	1644	Récanati	1665
Montefalco	1710	Ripatransona	1615
Montefiore	1745	San Sévérino	1535
Nocera	1645	San Repidio	1735
Norcia	1693	Sinigaglia	1690
Orbitello	1715	Spello	1717
Osimo	1661	Spolète	1640
Penna	1696	Urbino	1637

Toscane

Cortone	1738	Pistoie	1665
Florence	1632	Sienne	1708

Etat de Venise

Brescia	1598	Trévise	1746
Cava dei Tirreni	1900	Udino	1650
Chioggia	1752	Venise	1661
Padoue	1624	Vérone	1713
Pirano	1545	Vicence	1720
Spalatro	1688		

Piémont

Asti	1696	Casale	1613
Biella	1742	Chieri	1658
Carmagnole	1681	Crescentino	1730

Fossano	1649	Savigliano	1674
Mondovi	1714	Turin	1649
Murazzano	1646	Villafranca	1737

Etat de Milan

Como	1668	Lodi	1670
Crémone	1711		

Royaume de Naples

Agnone	....	Naples	1586
Aquila	1607	Scigliano	1774
Guardia	1720	Sulmona	1682
Monteleone	1725	Tursi	1652

Divers Etats

Gênes (Ligurie)	1642	Reggio (Lombardie)	1629
Mantoue	1689		

Sicile

Aciréale	1756	Giarre	1762
Alcamo	1710	Girgenti	1675
Camerata	1605	Mazzara	1695
Castelvetrano	1685	Messine	1632
Castroreale	1700	Neti	1614
Catane	1698	Palerme	1593
Corléon	1616	Patarme	1628

Piana	1725	Scigliano	1782
Pietraprezia	1753	Trapani	1608
Sciacca	1693	Zaragoza	1634

Ile de Malte

Senglea 1662

Bavière

Auffiausen 1712

Autriche

Vienne 1710

Tirol

Trente 1710

Annonie

Braine	1712	Chièvres	1713

Brabant

Montaigu 1620

France

Aix	....	Gotignac	1592
Avignon	....	Douai	1626

Draguignan	1875	Monaco	1710
Grasse	....	Reims	1895
Hyères	....	Rouen	1890
Marseille	....	Toulon	....

Espagne

Alcala d'Enarès	1696	Cordoue	1699
Baeza	1702	Cuença	1738
Baza	1760	Gracia	1885
Barcelonne	1690	Grenade	1671
Cadix	1671	Madrid	1660
Carcabuei	1695	Malaga	1712
Cifuentes	1600	Tudela	1895

Portugal

Braga	1686	Porto	1680
Frexo	1685	Stremozio	1697
Lisbonne	1668	Viseo	1688

Pologne

Biscovia	1722	Gostinia	1665
Caminiech	1730	Posnania	1671
Studzian	1674		

Angleterre

Birmingham	1849	Londres	1849

Amérique

Antiquini	1752	Puebla	1669
Angelopoli	1669	Santiago (Chili)	....
Guatemala	1694	di Pastos (Colombie)	....
Lima (Pérou)	1690	La Pas (Bolivie)	....
México	1697	Pernambuco (Brésil)	1671
Oaxaca	1695		
Potosi	1686		

Indes Orientales

Banda	1655	Bicholin	1650
Goa	1698		

CHAPITRE XV

L'œuvre de S. Philippe en France.

Ce que l'on ne sait pas assez, c'est la grande part qui revient à S. Philippe dans le fait de l'abjuration d'Henri IV, roi de Navarre, et de sa réconciliation avec l'Eglise catholique. On voudra donc nous permettre de résumer, en quelques mots, ce grave évènement, d'où dépendait le sort de la religion catholique en France. Il nous est d'ailleurs nécessaire pour éclairer la marche de notre récit, et expliquer le plan providentiel que devait suivre l'œuvre de S. Philippe pour son établissement sur la terre des Gaules (1).

(1) Consulter la Vie de S. Philippe de Néri par le Cardinal Capecelatro — t. II. ch. 18.

A la mort d'Henri III, qui n'avait pas d'enfants, la couronne de France revenait de droit à Henri, roi de Navarre, élevé par sa mère Jeanne d'Albret, dans l'hérésie de Calvin. Ce prince, naturellement bon, s'était fait catholique pour se soustraire au danger du massacre de la Saint Barthélemy, et il était redevenu calviniste en 1576, quand le parti prostestant était devenu plus fort et plus nombreux en France.

Alarmé à la pensée des dangers qui menaçaient la foi catholique, si ce prince calviniste devenait son roi, la France se ligua avec l'Espagne pour faire monter sur le trône un roi catholique. Le Pape naturellement protégea et encouragea un si noble dessein, guidé qu'il était par les seuls motifs de religion. L'histoire a conservé le souvenir des batailles sanglantes qui furent livrées entre catholiques et calvinistes, des luttes et des malheurs qui en furent la conséquence.

Pendant que les affaires allaient au plus mal sur la terre de France, Henri de Navarre avait fait entendre plusieurs fois qu'il ne serait pas éloigné d'embrasser la religion catholique. Il le disait encore. Mais pouvait-on compter sur la conversion d'un prince, qui ne devenait catholique que pour s'assurer un royaume ? Cette pensée préoccupait surtout le Souverain Pontife, et jetait son âme dans la plus grande perplexéité. Il ne savait quel parti prendre. Mettant en Dieu toute sa confiance, Clément VIII fit venir Philippe et Baronius, et leur demanda conseil sur cette grave affaire, qu'il ne voulait pas régler avant d'avoir connu leurs sentiments. (1)

Philippe de son côté priait beaucoup et répétait souvent au cardinal Morosino (2) : « Sachez que Dieu se servira du roi Henri, comme d'un instrument pour l'exécution des desseins secrets de son éternelle Providence au profit de la France et de l'Eglise catholique. » Et lorsqu'on apprit la décision du Pape, qui acceptait la réconciliation

(1) Macchiarelli : Ristretto della Vita di San Filippo.

(2) Vita del Card. Morosino, scritta dall'Arcivescovo di Spoleto — lib, IV. cap. 7. n. 4.

d'Henri, on sut en même temps, qu'il ne s'était déterminé à recevoir cette abjuration qu'en considération de la grande autorité de Philippe qui le lui avait demandé avec beaucoup d'instance, et des conseils de Baronius, qui était le confesseur du Pape, et peut-être l'homme le plus savant et le plus estimé de son temps. Par conséquent, il avait dû vaincre les résistances du parti espagnol qui se montrait hostile à la réconciliation, et formait dans Rome un parti très puissant, où figuraient des cardinaux et des théologiens de grand renom.

Aussi lorsqu'en septembre 1593, les cardinaux Duperron et d'Ossat, délégués d'Henri IV, se présentèrent au Pape Clément VIII devant la porte de la basilique Vaticane pour le réconcilier avec la Sainte Eglise, Philippe dut tressaillir de joie. Ses prières étaient exaucées ; Henri IV était réconcilié avec l'Eglise et à même de rendre de signalés services à la Papauté. Et en effet, le roi de France ne manqua point de favoriser en plusieurs circonstances l'Eglise et le Pape.

Du reste, Henri IV était particulièrement

dévoué à notre Saint. Il était convaincu qu'il ne devait son retour à l'Eglise romaine et la possession assurée de la couronne de France, qu'à la coopération active de S. Philippe dans cette affaire capitale. Aussi, quand notre Saint bien-aimé eut quitté la terre et que les miracles eurent manifesté sa sainteté, il fut un des plus ardents à demander au Saint Père avec beaucoup d'instance, qu'on lui décernât les honneurs des autels. On en trouve la preuve irréfutable dans une vie écrite par un pénitent de S. Philippe, et corrigée par Baronius, où il est dit : « Henri IV, roi très chrétien de France, qui se souvenait bien d'avoir été puissamment aidé par Philippe auprès du Pape pour recouvrer la grâce perdue par l'hérésie, opéra par les moyens de ses légats, et souvent interposa publiquement son autorité pour que Philippe fut mis au nombre des saints. » (1)

Si nous avons rappelé les détails de cette

(1) Manuscrit A, n. 7, folio 87 (verso). Bibliothèque Vallicellienne. — C'est un manuscrit de l'an 1617.

réconciliation et la part qu'y prit S. Philippe, c'est que nous tenons à bien faire remarquer l'affection qu'avait déjà notre Saint pour notre chère patrie. De là, à introduire et à implanter en France sa famille religieuse, quand aurait sonné l'heure divine, il n'y avait qu'un pas.

Dès qu'on apprit, en France, la réconciliation d'Henri avec l'Eglise romaine, on désira vivement connaître les phases qu'avait suivi cette importante affaire et le nom des personnages qui en avaient assuré le succés. Parmi les vrais amis de la France qui ne lui avaient pas marchandé leur dévouement en cette solennelle circonstance, apparut la douce figure de Philippe de Néri, illustre à cette heure, et dont la charité couvrait de ses bienfaits la ville de Rome. Et comme cette charité, en s'occupant des affaires d'Henri IV et en les faisant aboutir, s'était exercée à l'égard de notre chère patrie et lui avait assuré la paix dont elle était privée depuis si longtemps, on aima le cœur qui en avait été la source, et le nom de Philippe devint bien vite cher et populaire en France. Avec Philippe on connut son œuvre ; et les merveilles qu'elle produisait en Italie, firent souhaiter ardemment de la posséder en France. L'heure divine avait sonné. Dieu préparait les instruments de son œuvre et de ses desseins. Il allait les révéler au monde.

Non loin de Cotignac, dans le diocèse de Fréjus, se trouvait le sanctuaire très vénéré de Notre-Dame-des Grâces. Quelques prêtres français en étaient les gardiens et y assuraient par leur présence la célébration des offices divins. Or, étant venus à Rome en 1593 pour vénérer le tombeau des Apôtres, ils entendirent parler de Philippe de Néri dont le nom et les bienfaits étaient sur toutes les lèvres ; et voulant le connaître, ils allèrent le trouver. Notre Saint les accueillit avec une charité incomparable ; il les gagna si bien par ses attraits et ses vertus, qu'ils ne songèrent plus qu'à devenir ses disciples, le vénérant déjà comme un saint. Placés sous sa direction, ils étudièrent son Institut ; et dès qu'ils le connurent, ils se hâtèrent de le transplanter en France. L'heure était propice.

Encouragés et aidés par leur évêque, à qui ils avaient soumis les règles de l'Oratoire, il érigèrent canoniquement une maison oratorienne à Cotignac, près du sanctuaire de Notre-Dame-des-Grâces. Avant de quitter la terre, Philippe eut donc la joie de contempler la réalisation entière de ses désirs, en voyant son Institut fondé sur la terre de France. Sous les maternelles bénédictions de Marie, fondatrice et reine de l'Oratoire, la maison de Cotignac devint en peu de temps prospère ; les vocations affluaient dans son sein. Il fallut les diviser, en créant des centres nouveaux, destinés à faire connaître l'esprit de S. Philippe. Les villes d'Aix, de Marseille, d'Hyères, de Toulon et de Grasse virent ainsi au milieu d'elles s'élever des tentes oratoriennes, où vinrent s'abriter des hommes éminents par la vertu, la science et le zèle pour le salut des âmes. Saluons avec amour le Vénérable Père Antoine Yvan, philippin du sanctuaire de Notre-Dame-des-Grâces, apôtre infatigable de toute la Provence, dont nous espérons faire revivre la douce physionomie, en consacrant bientôt quelques pages à son apostolat de charité.

Ces Oratoires philippins eurent une vie très prospère jusqu'à la fin du siècle dernier. Survint à ce moment sur la terre de France l'ouragan dévastateur de la grande révolution qui les anéantit avec tous les autres Instituts religieux.

Mais il est écrit que « *la charité ne meurt jamais, caritas numquam excidit* ! » (1) Il entrait dans les desseins divins de ressusciter sur notre sol français l'Oratoire philippin, après soixante-dix ans d'interruption, et de lui faire produire les mêmes fruits de bénédiction et de salut. Héritier de l'esprit de S. Philippe, âme éminemment apostolique, dévorée par l'amour divin, le P. Xavier Jourdan de la Passardière, que l'Eglise a élevé depuis à l'honneur de l'épiscopat, fut l'instrument choisi par la Providence pour faire refleurir en France le rameau philippin.

(1) Cor. XIII. 8.

Se rappelant les origines de l'Oratoire de S. Philippe sur notre terre de France, il eut l'heureuse pensée de le faire réapparaître dans le pays même où s'était faite la première fondation. Il soumit son projet à Mgr. Jordany, alors évêque de Fréjus, qui accepta avec reconnaissance une fondation de philippins dans la ville de Draguignan. Dès 1870, quelques prêtres, animés des mêmes désirs et enflammés du même zèle, demandèrent à faire partie de l'Institut. Ils firent un bien immense dans toute la contrée, en se consacrant exclusivement au ministère de l'apostolat et de la prédication. — Reims a vu aussi, en 1895, les fils de S. Philippe élever un Oratoire dans ses murs ; et nous savons que l'esprit de ferveur qui les anime a souvent réjoui le cœur du cardinal Langénieux leur Archevêque, au milieu des tristesses et des anxiétés de l'heure présente.

Daigne le Ciel bénir ces fondations, les multiplier, et leur donner de rester fidèles à leur esprit, en étant toujours la consolation et le soutien des évêques, dont elles sont les vrais et précieux auxiliaires, et sous la juridiction desquels l'Eglise les a placées !

A côté de l'Institut des Pères, devait bien vite apparaître et se développer le rameau des Sœurs Oratoriennes. C'est une loi, généralement suivie dans l'Eglise de Dieu, où nous la voyons toujours réalisée par les grands Instituts religieux. D'ailleurs la suave charité de notre Saint, le caractère particulier de son ascétisme et les règles qu'il avait données à ses Pères, se prêtant admirablement à leur tempérament, devaient servir à former l'esprit d'une congrégation de Religieuses. Remplaçant donc les œuvres du ministère sacerdotal par les œuvres de charité et de bienfaisance auprès des pauvres et des malheureux, dirigées par les règles et les conseils que leur avait donné leur bien-aimé Père, elles apparurent dans la société pour y faire le plus grand bien, et préparer la voie aux Filles de Charité, qui devaient s'organiser vingt-cinq ans plus tard, en s'inspirant du même esprit de charité.

De son vivant, Philippe avait fondé un *conservatoire de vierges* sous le vocable de

Ste Catherine des Funari. Et comme le bien tend de sa nature à se répandre, à l'imitation de ce groupe s'en organisa plusieurs autres; à l'un deux fut agrégée pendant quelque temps la Vénérable Ursule Bénincasa. Mais ce ne fut vraiment qu'après la mort de Philippe, que les Oratoriennes prirent la forme d'une Congrégation. Réunies à cette époque en communauté, dans une maison voisine de l'église Sainte-Lucie, grâce au dévouement des Pères Rutilio Brandi et Antonio Vela, disciples de notre Saint, elles ne songèrent plus qu'à s'appliquer à l'observation exacte des règles de leur bien-aimé Saint. Dans une vision où S. Philippe apparut à ces deux Pères, il leur donna lui-même la forme du costume qu'elles devaient porter. Il leur confiait la mission d'exercer l'apostolat de charité auprès des petits et des malheureux, en leur montrant quelques misérables enfants qu'il tenait par la main. — Le Saint-Siège approuva cette forme d'habit pour les Sœurs Philippines, avec une formule spéciale de bénédiction pour la vêture et l'admission des sœurs dans la Congrégation. Leur règle fut approuvée par l'Eglise, comme l'avait été celle des Pères en 1612. On l'imprima à Rome en 1646, sous le pontificat d'Innoncent X.

Les Oratoriennes furent ainsi définitivement fixées dans l'état de perfection par l'approbation de l'Eglise. On vit en peu de temps de nouvelles maisons se former sur le modèle de celle de Rome ; outre celles d'Italie, on en compta de nombreuses et florissantes en Espagne. De nos jours, elles se multiplient encore sur le sol de ce royaume très chrétien, jalouses de conserver l'esprit et les traditions de notre saint, se consacrant par amour à toutes les œuvres qui ont pour objet les pauvres et ceux qui souffrent. Nous en comptons une douzaine à l'heure présente. Mentionnons en particulier celles de Barcelonne, qui se dévouent aux soins des malades et des pauvres ; — celle de Vich, fondée en 1850 par le Père Pierre Bach, dont la mission spéciale, jointe aux œuvres de charité, est de donner des retraites aux personnes du monde : œuvre éminemment apostolique, universellement approuvée, et dont les résultats ont produit jusqu'à ce jour un bien incalculable.

L'Angleterre a connu aussi dans ce siècle l'Institut des sœurs Philippines. Sous la douce impulsion du bien-aimé Père Faber, de sainte mémoire, apparut, sur sa terre hospitalière, l'Oratoire de la Compassion. Dieu a béni leur mission et leur apostolat au sein des classes populaires, où elles contribuent, par leur esprit de charité et leurs œuvres spirituelles, à faire aimer et vénérer le nom de notre doux S. Philippe.

La France, avec son caractère enthousiaste et souverainement généreux, pouvait-elle rester en arrière et manquer de prendre part à ce mouvement philippin, et S. Philippe pouvait-il oublier notre chère patrie qu'il aimait tant ? La suite de notre récit va nous l'apprendre.

En 1878, quelques jeunes personnes, attirées par la douce charité de notre Saint, entreprirent sous la sage et paternelle direction du R. Père Jourdan de la Passadière, alors Supérieur de l'Oratoire de Draguignan, d'implanter en France l'œuvre des Sœurs

Oratoriennes. Elles fixèrent leur tente dans la ville de Brest, où elles répandirent, au prix de tous les sacrifices, la connaissance et l'amour de S. Philippe, hélas ! trop peu connu encore !...

Le grain de sénevé, qui a germé au milieu de l'orage, est-il devenu un grand arbre ? Nous serions heureux de le dire.... Ce que nous constatons avec allégresse, c'est qu'il a fructifié considérablement ; qu'il a donné déjà plusieurs rameaux vigoureux, dont l'ombre hospitalière abrite mille infortunes et réjouit le cœur de tous ceux qui viennent s'y reposer. Paris se félicite de sa maison Oratorienne, où l'on trouve, comme dans les autres maisons, des âmes avides de contribuer au bonheur du pauvre et de l'ouvrier, en lui enseignant le chemin de la vérité et le mettant en garde contre les fausses doctrines, qui, par l'appât d'un bonheur apparent, les mènent à la ruine et au malheur ; des lyres vivantes, qui, derrière les grilles où l'amour les enchaîne, redisent dans de suaves harmonies et des chants magnifiques, tout ce qui est capable d'élever l'âme chrétienne et de l'unir à son Dieu.

Nous avons tenu à faire remarquer l'affection de S. Philippe pour notre pays de France, parce que cette affection de la part de notre Saint, devant qui se déchiraient les voiles de l'avenir, devait nous révéler un plan providentiel. Et nous l'avons prouvé. — Il nous a paru bon encore de bien préciser la part que prit S. Philippe à la réconciliation d'Henri IV avec l'Eglise romaine, parce qu'en agissant de la sorte notre Saint voulut évidemment seconder la Providence, qui devait se servir de notre roi Béarnais pour le bénéfice de l'Eglise et de la Papauté.

Mais S. Philippe avait-il donc perdu de vue ce coin de terre française, cette terre de Béarn, où était né le bon roi Henri, qui, malgré bien des écarts, ne rêvait que le bonheur de son peuple? Nous ne le pensons pas. Nous croyons plutôt que son regard se porta avec amour sur nos ancêtres et leurs générations futures ; et que lorsqu'il quitta la terre, lorsque Baronius lui demanda de bénir ses enfants agenouillés autour de sa couche, son cœur, qui avait des intuitions ineffables, et dont la charité embrassait tous les espaces, dût se tourner avec amour du côté de nos régions, et demander à Dieu, dans une fervente prière, d'y dresser un jour une tente philippine et d'y susciter des disciples et des saints.

La prière et la bénédiction de S. Philippe ont été exaucées. Un groupe Oratorien, parti de Brest, est venu se fixer à Biarritz sur notre terre Béarnaise. Comme toutes les œuvres divines, il a dû s'acclimater et pousser ses racines dans un sol que Dieu lui réservait. Mais cette petite vigne, plantée sous le regard de Dieu au prix de bien de douleurs et de fatigues, donne déjà des fruits, réjouit ceux qui la connaissent, et fait concevoir pour ses œuvres les plus douces espérances.

Daigne le ciel bénir de plus en plus ces chères congrégations ! Qu'elles soient toujours fidèles à l'esprit de leur saint fondateur, et n'aient qu'une seule ambition : travailler par tous les moyens à procurer la gloire de Dieu et le salut des âmes, en se montrant constamment les auxiliaires effacées du clergé paroissial ! Qu'elles pratiquent les vertus dont S. Philippe leur a donné l'exemple ! Qu'elles attirent enfin les âmes à l'exercice habituel de la charité, selon l'esprit oratorien : « *Faire tout par amour, omnta in caritate !* »

Et maintenant S. Philippe, du haut de la céleste patrie où vous voyez face à face ce Jésus, dont l'attente de la vision vous faisait languir ici-bas, abaissez un regard de miséricorde sur cette terre de France, sur tout le peuple chrétien ! Obtenez-nous de Dieu, de voir le triomphe de notre Mère la Sainte-Eglise et la liberté absolue du Vicaire de Jésus-Christ ! O Père bien-aimé, bénissez ceux qui liront ces pages ! que leurs cœurs s'enflamment d'une plus vive ardeur pour la sainte charité dont vous fûtes l'apôtre infatigable ! Bénissez tous vos enfants !

Bénissez surtout le dernier d'entre eux, qui, en témoignage de son amour filial, vous offre ce bien modeste travail, et le dépose très humblement à vos pieds !

APPENDICE

Bienheureux de la Congrégation de l'Oratoire de Saint Philippe de Néri

1. — Le B. Sébastien Valfré, de la Congr. de l'Oratoire de Turin. — Il mourut saintement le 30 Janvier 1710. Grégoire XVI l'a mis au nombre des Bienheureux le 31 Août 1834 — (fête le 30 Janvier).

2. — Le B. Jean-Juvénal Ancina, de la Congr. de l'Oratoire de Rome. — et un des premiers disciples de S. Philippe. Créé, malgré lui, évêque de Saluces, il mourut d'un poison violent le 31 Août 1604, et fut pleuré de tout son peuple. — Le Souverain Pontife Léon XIII l'a solennellement béatifié le 9 Février 1890 — (fête le 31 Août).

2.—Le B. Antonio Grassi, de la Congr. de l'Oratoire de Fermo, — Il mourut chargé d'ans et de mérites, le 13 décembre 1671 — Le Pape Léon XIII l'a inscrit au catalogue des Bienheureux le 30 septembre 1900, pendant l'année du jubilé universel. — (fête le 31 décembre.)

Vénérables de la Congrégation de l'Oratoire de Saint Philippe de Néri

---

1.—Le Vén. César Baronius, premier Supérieur de la Congr. de l'Oratoire de Rome après S. Philippe, illustre par ses écrits, surtout par les *Annales de l'Eglise* Il mourut en 1619.

2.— Le Vén. Marianus Sozzini—de l'Oratoire de Rome et disciple du P. Consolino. Il se rendit célèbre par son désintéressement. Il mourut en 1680.

3.— Le Vén. François Scarampi — de

l'Oratoire de Rome — Urbain VIII l'envoya en Irlande comme Nonce Apostolique pour y régler des affaires ecclésiastiques. Il était favorisé de fréquentes visions de l'Enfant-Jésus. Il mourut au service des pestiférés, victime de sa charité, en 1656.

4.— Le Vén. Augustin Carusio — de l'Oratoire de Rome. Il mourut en 1650.

5.— Le Vén. Fabricius dell'Aste — fondateur de l'Oratoire de Forli. Il mourut en 1655.

6.— Le Vén. François Marchesi — de l'Oratoire de Rome. Il mourut en 1650.

7·— Le Vén. Pierre Bini — fondateur de l'Oratoire de Firenze. Il mourut en 1635.

8.— Le Vén. François Ceratani — de l'Oratoire de Firenze — disciple du Vén, P. Bini. Il mourut en 1630.

9.— Le Vén. Jean-Baptiste Trona — de l'Oratoire de Mondovi — Il mourut en 1640.

10.— Le Vén. Antoine-Marie Cortino di Santi — fondateur de l'Oratoire de Padoue. Dans ses courses apostoliques, cet infatigable serviteur de Dieu fonda une centaine d'Oratoires, et fit un bien incalculable. Il mourut en 1629.

11. — Le Vén. Jean-Baptiste Villani — fondateur de l'Oratoire de Fossano. Il mourut en 1640.

12.— Le Vén. Ange Matteucci — fondateur de l'Oratoire de Camérino. Il mourut en 1629.

13.— Le Vén. Dominique Sarrio — de l'Oratoire de Valenza. — Pendant les missions que les Philippins prêchaient tous les ans dans cette ville, on compta quelquefois jusqu'à 50.000 personnes qui approchèrent du sacrement de Pénitence. Il mourut en 1640.

14.— Le Vén. Balthazar Nardi — fondateur de l'Oratoire d'Aquilée. Il mourut en 1630.

15.— Le Vén. Jean-Baptiste Magnanti —

de l'Oratoire d'Aquilée — célèbre par son obéissance. Il mourut en 1669,

16.— Le Vén. Jean-Baptiste Préver — de l'Oratoire de Turin. — Il mourut subitement dans la cathédrale de Turin en 1791.

17.— Le Vén. Thomas Eustacchio, évêque de Larino — de l'Oratoire de Naples et ami intime du B. Ancina. Il renonça à son siège épiscopal et revint dans sa Congrégation bien-aimée,où il continua une vie d'austérités plus admirables qu'imitables. Il mourut en 1641. On achève en ce moment le procès de sa béatification.

18.— Le Vén. Pompeo di Donato — de l'Oratoire de Naples — Il mourut en 1639.

19.— Le Vén. André de Afflictis — de l'Oratoire d'Aquilée — Il mourut en 1660.

20.— Le Vén. François d'Anna — de l'Oratoire de Naples — Il mourut en 1782.

21.— Le Vén. Denis Pieragostini — frère coadjuteur — de l'Oratoire de Camérino. Il mourut en 1725.

22.— Le Vén. Barthélemy de Quental — fondateur de l'Oratoire de Lisbonne — Il mourut en 1698. — Sa mémoire y est toujours en bénédiction.

23.— Le Vén. Antoine Yvan — de l'Oratoire de Notre-Dame des Grâces (Var), que son zèle apostolique a rendu célèbre dans toute la Provence — Il mourut en 1653.

24.— Le Vén. Joseph Vaz — de l'Oratoire de Goa (Ile de Ceylan) — Gloire unique de la caste des Brahmes (1) ; — il gagna à la Ste Eglise un nombre innombrable de petits peuples. Dans la seule île de Ceylan, il convertit, avec le secours des Philippins de Goa, plus de 70.000 âmes, bâtit 15 églises et 400 petits sanctuaires. Les populations de Canara, Sofana, Colombo, Nigunibo, Gale, Montota et Manar peuvent en assurer la vérité. Il mourut en odeur de sainteté en 1711.

Les Hindous sont divisés en plusieurs castes. Celle des Brahmes est la première et la plus noble.

Frères séculiers de l'Oratoire de Saint Philippe de Néri

1.— Le Vén. Frère Jean-Baptiste Pallota de l'Oratoire de Rome — Il mourut en 1653.

2.— Le Vén. Fr. César Bianchetti — sénateur — de l'Oratoire de Bologne — Voulant répandre la connaissance de la religion parmi le peuple,il fonda une Congrégation pour enseigner la doctrine chrétienne. Il mourut en 1655.

3.— Le Vén. Fr. Philippe Franci — prêtre — de l'Oratoire de Firenze — Son admirable charité pour les pauvres malades lui fit fonder à Rome l'hôpital de Saint-Gallican. Il mourut en 1693.

Omnia in caritate !

TABLE DES MATIÈRES

Lettre de Mgr. l'évêque de Bayonne.
Lettre de Mgr. Jourdan de la Passardière.
Avant-propos. I

Chap. I. — Enfance de Philippe. — Son voyage à San-Germano 1

Chap. II. — Rome. — Apostolat séculier de Philippe. — Les Catacombes. — La dilatation du cœur 9

Chap. III. — Philippe fonde la Trinité des Pèlerins et des Convalescents 19

Chap. IV. — Philippe reçoit le sacerdoce. — Débuts de son ministère 31

Chap. V. — Philippe renonce à la mission des Indes. — Oratoire de S. Jérome. — Merveilleuses industries de son zèle 48

Chap. VI. — Philippe fonde la Congrégation de l'Oratoire. 61

Chap. VII. — Philippe, maître de vie spirituelle. 75

Chap. VIII. — Philippe, modèle de vie parfaite. 83
Chap. IX. — Dons extraordinaires accordés à Philippe 95
Chap. X. — Profonde estime que tous avaient de Philippe 105
Chap. XI. — Dernières années de Philippe. — Sa précieuse mort. 113
Chap. XII. — Béatification et canonisation. — 3e centenaire de S. Philippe 127
Chap. XIII. — Un dernier mot 137
Chap. XIV. — L'œuvre de S. Philippe dans le monde ou tableau des villes où fut fondée la Congrégation de l'Oratoire avec la date de l'érection 153
Chap. XV.—L'œuvre de S. Philippe en France 159
Appendice. — Bienheureux et Vénérables de la Congrégation de l'Oratoire de S. Philippe de Néri 178

ALBI. — IMPRIMERIE DES APPRENTIS-ORPHELINS

www.ingramcontent.com/pod-product-compliance
Ingram Content Group UK Ltd.
Pitfield, Milton Keynes, MK11 3LW, UK
UKHW022056260726
13993UKWH00001B/141